간체자
번체자·발음을 동시에!
일석삼조
중국어 펜맨십

이곤수 엮음

다락원

머리말

　말만 할 줄 알고 문자(文字)를 모르는 사람을 '문맹(文盲)'이라고 한다. 따라서 중국어를 배운다면서 말만 익히고 읽고 쓰기를 할 줄 모른다면 '중국어문맹'이라고 할 수 있을 것이다.
　지금 서점에 가면 무수히 많은 '중국어 쓰기' 교재와 '한자 쓰기' 교재가 출판되어 있다. 하지만 모두가 천편일률적으로 알파벳 순 혹은 가다다라 순으로 나열한 식이어서, 초보자가 선택해서 재미있고 쉽게 익힐 만한 교재는 찾기 힘든 것 같다.
　오랫동안 중국어학원에서 중국어를 가르치며 기존의 쓰기 교재를 사용해 보았으나, 너무 단조롭고 지루하게 되어 있어서 학생들이 쉽게 싫증을 느끼며 중국어 문자 익히기를 포기해 버리는 것을 많이 보게 되었다. 그런 학생들을 보면서 가르치는 사람으로서 안타까운 마음을 금치 못하다가 비장한 결심을 하고 '목마른 자가 스스로 우물을 파는 심정'으로 이 교재를 만들게 되었다.
　이 교재는 수년간 중국어강사로서 현장에서 가르친 경험을 바탕으로, 중국어를 배우는 사람들이 쉽게 배우고 익힐 수 있도록 만들었다. 대부분의 간체자쓰기 교본이 간체자에만 너무 집착한 나머지 중국어를 하면서 가장 많이 쓰게 되는 '나', '너', '그'조차 다루지 않는 오류를 되풀이하지 않기 위해 중국어를 빈도순으로 정리하여 쉽고 많이 쓰는 자부터 체계적으로 배울 수 있도록 하였으며, 또한 연상기법을 이용하여 하나의 자를 배우면 관련자나 헷갈리기 쉬운 자들을 한꺼번에 학습할 수 있도록 하여 쓰기연습에 흥미를 더했다.
　한자(漢字)는 영어단어보다 훨씬 더 외우기 쉽다. 그리고 한 번 익힌 한자는 잘 잊어버리지 않는다. 작심삼일(作心三日)이 아닌 끈기와 집념으로 이 한 권을 학습해 보자. 마지막 페이지의 마지막 줄 쓰기가 끝나는 순간, 여러분은 스스로가 중국어와 한자의 매력에 푹 빠져있는 것을 느끼게 될 것이다.
　끝으로 이 교재를 출간할 수 있는 기회를 준 다락원에 깊이 감사드린다.

저자 이곤수

이 교재의 특징

　현재 시중에는 대학이나 단체 등의 유능한 교수나 작가들에 의해 집필된 각종 중국어 간체자 쓰기 교재가 출판되어 있다. 하지만 실제로 학원이나 사내교육을 진행하며 가르치는 강사의 입장이나, 또는 중국어를 처음 배우는 학생의 입장에서 볼 때 대부분의 교재 내용이 실용성이나 현실감이 없음을 느낀다.
　그래서 학생들이 배우기 쉬운 중국어와 한자 쓰기를 오히려 아주 어렵게 생각하여 중국어 학습을 쉽게 포기해 버리는 경우가 많다. 이러한 문제점을 보완하여 초보자나 학생들이 보다 실용적이고 쉽게 배울 수 있도록 아래와 같이 기획하였다.

　첫째, 이미 나와 있는 교재들은 중국어 발음의 알파벳순으로 나열되어 있거나 우리나라 독음의 가나다순으로 되어 있어 처음부터 어려운 글자들을 써야 하는 점이 있다. 이 점을 개선하여 본서에서는 많이 사용하는 글자의 순서 즉, 빈도순로 정리하여 처음 배우는 사람이 부담 없이 쉽게 쓸 수 있도록 하였다.

　둘째, 획수가 너무 많고 잘 사용하지 않는 글자는 빼고, 쓰기 쉬운 글자부터 쓰도록 배열하여 한자를 잘 모르는 초보자도 쉽게 배울 수 있게 하였다.

　셋째, 중국어 발음과 우리나라 한자 독음, 그리고 번체자(繁體字) 즉, 한자의 정자(正字)를 함께 배울 수 있도록 하였다.

　넷째, 글자의 뜻풀이 외에도 중국어에서 가장 많이 사용되는 상용(常用)단어를 추가하여 중국어 어휘 학습에도 많은 도움을 준다.

　다섯째, 교재에 쓰인 해서체(楷書體)는 보기에 좋을 뿐만 아니라 붓글씨를 연습하는 것과 같아서 바른 글자 연습을 하는 데 효과가 있다.

1. 간체자(簡體字)란?

　　간체자(簡體字)란 우리가 말하는 약자(略字)라는 의미로 글자체를 줄여서 만든 글자를 말한다. 한자가 글자의 획수가 많아 쓰기가 번거롭고 어려운 문제를 해결하기 위해 1956년에 중국 대륙에서 약 2,200여 자의 간체자(簡體字)를 만들어 정식으로 공포하여 현재까지 중국 대륙에서만 사용한다.
　　현재 대만(臺灣) 및 싱가폴, 말레이시아 등의 국가와 해외의 화교(華僑)학교에서 사용하는 원래의 정자(正字)로 된 한자는 번체자(繁體字)라고 한다.

　　　* 참고로 우리나라에서는 1992년 중국과 수교 이후에는 거의 대부분의 학교에서 간체
　　　　자로 된 중국 대륙식의 중국어 교재를 사용하고 있다.

2. 간체자(簡體字) 제작 원리

　　간체자(簡體字)는 아래와 같은 원리를 이용하여 만들었다.

간체자 채택 방식	글자의 예
1. 고체자를 채택한다.	网(網) 气(氣) 众(衆)
2. 고대에 사용된 이체자를 채택한다.	万(萬) 泪(淚) 礼(禮)
3. 초서체를 해서화한다.	车(車) 兴(興) 专(專)
4. 부분 편방을 줄이거나 생략한다.	标(標) 竞(競) 亏(虧)
5. 필획을 줄이거나 생략한다.	奖(獎) 单(單)
6. 글자의 일부분만 남긴다.	声(聲) 习(習) 乡(鄉)
7. 글자의 복잡한 부분을 간단한 부호로 바꾼다.	难(難) 鸡(鷄) 汉(漢)
8. 복잡한 성부를 자음과 근사한 간단한 성부로 바꾼다.	亿(億) 远(遠) 邮(郵)

간체자 채택 방식	글자의 예
9. 동음자로 필획이 복잡한 글자를 대신한다.	系(繫) 几(幾) 后(後)
10. 형성의 원칙에 따라 간단한 필획으로 새로운 형성자를 만든다.	础(礎) 惊(驚)
11. 표음부호를 곁들인 새 글자로 만든다.	毕(畢) 华(華)
12. 회의의 원칙에 따라 간단한 필획으로 새로운 회의자를 만든다.	宝(寶) 尘(塵)

3. 간체자(簡體字) 쓰기 순서

한자(漢字)를 쓰는 순서는 한글을 쓰는 순서와 기본적으로는 같다. 글자마다 쓰는 순서가 있다. 아래와 같이 기본적인 순서만 알고 있다면 대략의 획순은 알 수 있을 것이다.

글자 쓰는 순서	예
1. 좌에서 우로 쓴다.	观
2. 위에서 아래로 쓴다.	黄
3. 둘러싼 모양부터 먼저 쓴다.	问
4. 좌우 대칭은 가운데부터 먼저 쓴다.	尘
5. 받침을 먼저 쓴다.	赵
6. 받침을 나중에 쓴다.	进

4. 한자(漢字)의 글자수?

　지금까지 중국에서 만들어진 한자(漢字) 수는 약 5만여 자이나, 현재 중국에서 고등학교 과정까지 배우고 일상 생활에서 실제 사용하는 상용한자(常用漢字)는 약 2,300여 자이다.

　　* 참고로 우리나라에서 배우는 상용한자(常用漢字)는 교육부에서 지정한 중학교 900자, 고등학교 900자를 합해 총 1,800자이다.

5. 한자의 육서(六書)

　한자육서(漢字六書)란 상형(象形), 지사(指事), 회의(會意), 형성(形聲), 전주(轉注), 가차(假借)등 한자를 만든 6가지 원리를 말한다.

1) 상형(象形)
　'모양을 본뜨다'라는 말로 사물의 모양을 보고 만든 글자를 말한다.
　해(日), 달(月), 나무(木), 사람(人)

2) 지사(指事)
　지사는 '일(事)을 가리키다(指)'라는 뜻으로 추상적인 개념을 상징적인 부호로 표시하여 약속으로 사용한 글자이다.
　위(上), 아래(下), 가운데(中)

3) 회의(會意)
　회의는 '뜻(意)을 모은다(會)'는 의미로 두 개 이상의 글자를 합하여 만든 글자이다.
　숲(林), 믿다(信), 밝다(明), 쉬다(休)

4) 형성(形聲)

형성은 모양(形)의 의미 부분과 소리(聲)의 발음 부분을 결합해서 만든 글자이며, 한자의 약 85%를 차지한다.

맑다(淸), 학교(校), 꽃(花)

5) 전주(轉注)

전주는 '굴러서 바뀌거나(轉) 변화되어 달라지다(注)'는 의미로 본래의 뜻에서 변화되어 사용되는 글자이다.

相 : 서로(상), 재상(상), 도울(상)

樂 : 풍류(악), 즐겁다(락), 좋아하다(요)

6) 가차(假借)

가차(假借)는 '빌려 쓰다'는 의미로 발음이나 글자 모양이 비슷한 외국어의 표기나 의성어, 의태어에 주로 사용한다.

달러(弗), 아시아(亞世亞), 당당한 모양(堂堂)

6. 꼭 익혀 두어야 할 간화(簡化) 형태

간화 형태	정자	명 칭	예
讠	言	말씀 언 /yán	说语译
门	門	문 문 /mén	们闻问
饣	食	밥 식 /shí	饭饮饺
马	馬	말 마 /mǎ	吗妈码
韦	韋	가죽 위 /wéi	韩伟纬
车	車	수레 차 /chē	军轻转
贝	貝	조개 패 /bèi	败贵员
见	見	볼 견 /jiàn	现观视
钅	金	쇠 금 /jīn	银铜钱
鸟	鳥	새 조 /niǎo	鸡鸽鸭
龙	龍	용 룡 /lóng	笼垄聋

※ 이 책의 본문에는 총 654자가 빈도순으로 나열되어 있으며 중간에 10회분의 연습문제가 포함된다. 또한 연습문제 10회분의 정답과 본문에 있는 자가 한어병음 순으로 정리된 색인이 부록으로 제공되고 있다.

보문

| 我 아 wǒ | 나
· 我们 wǒmen 우리들
· 我的 wǒ de 나의, 나의 것 | 丿 一 于 手 我 我 我 |

| 你 니 nǐ | 너
· 你们 nǐmen 너희들, 당신들
· 你的 nǐ de 너의, 너의 것 | 丿 亻 亻 你 竹 你 你 |

| 他 타 tā | 그
· 他们 tāmen 그들, 저들
· 他的 tā de 그의, 그의 것 | 丿 亻 仁 仲 他 |

| 她 타 tā | 그녀
· 她们 tāmen 그녀들
· 她的 tā de 그녀의, 그녀의 것 | 乚 у 女 如 如 她 |

| 它 타 tā | 그것, 저것
· 它们 tāmen 그것들 | 丶 宀 它 它 它 |

| 万 萬·만 wàn | 만(10,000)
· 一万 yíwàn 일만
· 万一 wànyī 만일 | 一 丆 万 |

忆	회상하다, 기억하다 · 记忆 jìyì 기억 · 忆念 yìniàn 그리워하다	丶忄忆
憶·억 yì		忆 忆 忆 忆 忆 忆 忆 忆

这	이것, 이, 여기 · 这儿 zhèr 여기 · 这个 zhè ge 이것	丶亠〰文这这
這·저 zhè		这 这 这 这 这 这 这 这

那	저(그), 저(그)것, 그러면 · 那儿 nàr 저기 · 那么 nàme 그러면	丁刀刃月那那
나 nà		那 那 那 那 那 那 那 那

国	나라 · 中国 Zhōngguó 중국 · 国家 guójiā 국가	丨冂冂冃用囯国国
國·국 guó		国 国 国 国 国 国 国 国

来	오다 · 回来 huílái 돌아오다 · 来往 láiwǎng 왕래하다	一 丷 亚 平 来 来
來·래 lái		来 来 来 来 来 来 来 来

们	~들(복수를 나타내는 접미사) · 我们 wǒmen 우리들 · 他们 tāmen 그들	丿亻亻亻们们
們·문 men		们 们 们 们 们 们 们 们

个 個·개 ge	개(양사), 단독의 · 两个 liǎng ge 두 개(의) · 个人 gèrén 개인	ノ 人 个
		个 个 个 个 个 个 个 个

说 說·설 shuō	말하다 · 说话 shuō huà 말하다 · 小说 xiǎoshuō 소설	ˋ 讠 讠 讠 讱 诮 说 说
		说 说 说 说 说 说 说 说

语 語·어 yǔ	말, 언어 · 日语 rìyǔ 일어 · 语法 yǔfǎ 문법, 어법	ˋ 讠 讠 讠 讱 语 语 语
		语 语 语 语 语 语 语 语

话 話·화 huà	말, 언어 · 会话 huìhuà 회화 · 谈话 tánhuà 이야기하다	ˋ 讠 讠 讠 讱 话 话 话
		话 话 话 话 话 话 话 话

为 爲·위 wéi, wèi	되다, 위하다, 위하여 · 成为 chéngwéi ~이 되다 · 为了 wèile ~을 위하여	ˋ ㇆ 为 为
		为 为 为 为 为 为 为 为

就 취 jiù	곧, 즉시, 나아가다 · 就来 jiù lái 곧 오다 · 就业 jiùyè 취업하다	亠 亠 亨 京 京 亰 就 就
		就 就 就 就 就 就 就 就

한자	뜻/음	필순 및 연습
时 (時·시) shí	때, 시, 시간 · 时间 shíjiān 시간 · 时候 shíhou 때	丨 冂 冂 日 旷 时 时
要 (요) yào	원하다, 필요하다, ~해야만 하다 · 需要 xūyào 필요하다 · 重要 zhòngyào 중요하다	一 厂 厂 丙 西 更 要 要 要
会 (會·회) huì, kuài	할 수 있다, 모이다, 통계(하다) · 社会 shèhuì 사회 · 会计师 kuàijìshī 회계사	丿 人 人 仒 会 会
车 (車·차, 거) chē	차, 수레 · 汽车 qìchē 자동차 · 火车 huǒchē 기차	一 宀 灶 车
号 (號·호) hào	번호, 일 · 号码 hàomǎ 번호 · 二号 èrhào 2일	丨 口 口 므 号
得 (득) dé, de, děi	얻다, ~해야만 하다 · 得到 dédào 얻다 · 得去 děi qù 가야만 하다	彳 彳 彳 円 円 得 得 得

15

学 學·학 xué	배우다, 공부하다 · 学校 xuéxiào 학교 · 学生 xuésheng 학생	丶 丷 丷 ᅭ ᅭ 学 学 学
		学 学 学 学 学 学 学 学

习 習·습 xí	익히다, 배우다, 습관 · 学习 xuéxí 배우다, 공부하다 · 习惯 xíguàn 습관	丁 习 习
		习 习 习 习 习 习 习 习

商 상 shāng	의논하다, 장사 · 商量 shāngliáng 의논하다 · 商业 shāngyè 상업	亠 亠 产 产 产 商 商 商 商
		商 商 商 商 商 商 商 商

农 農·농 nóng	농사, 농작 · 农业 nóngyè 농업 · 农村 nóngcūn 농촌	丶 宀 冖 农 农 农
		农 农 农 农 农 农 农 农

业 業·업 yè	업무, 업종 · 业务 yèwù 업무 · 毕业 bìyè 졸업하다	丨 刂 业 业 业
		业 业 业 业 业 业 业 业

发 發,髮·발 fā, fà	발생하다, 머리카락 · 出发 chūfā 출발하다 · 头发 tóufa 머리카락	一 ナ 步 发 发
		发 发 发 发 发 发 发 发

过 過·과 guò
지나다, 통과하다, ~한 적이 있다
· 通过 tōngguò 통과하다
· 去过 qù guo 가본 적이 있다

一 十 寸 寸 讨 过

动 動·동 dòng
움직이다, 운동하다
· 运动 yùndòng 운동
· 动物 dòngwù 동물

一 二 云 云 动 动

对 對·대 duì
~에 대하여, 상대하다, 옳다
· 对方 duìfāng 상대방
· 不对 bú duì 틀리다

フ 又 又 对 对

边 邊·변 biān
가장자리, 쪽
· 路边儿 lùbiānr 길가
· 前边 qiánbian 앞쪽

フ 力 办 边 边

东 東·동 dōng
동쪽
· 东边 dōngbian 동쪽
· 东方 dōngfāng 동방

一 左 车 东 东

后 後·후 hòu
뒤, 후
· 后面 hòumian 뒷쪽
· 后天 hòutiān 모레

一 厂 广 后 后 后

17

于 (於·어) yú
~에
- 于是 yúshì 그래서, 그리하여
- 对于 duìyú ~에 대하여

一 二 于

应 (應·응) yīng, yìng
당연히 ~해야 한다, 응당 ~일 것이다, 대답하다
- 应该 yīnggāi 마땅히 ~해야 한다
- 应答 yìngdá 응답하다

丶 一 广 广 应 应 应

诗 (詩·시) shī
시
- 诗人 shīrén 시인
- 诗句 shījù 시구

丶 讠 讠 诗 诗 诗 诗 诗

点 (點·점) diǎn
점, 시(時), 주문하다
- 两点 liǎngdiǎn 두 시
- 点菜 diǎncài 요리를 주문하다

丨 卜 占 占 占 点

经 (經·경) jīng
지나다, 경영하다, 경서
- 已经 yǐjīng 이미
- 经济 jīngjì 경제

乙 幺 纟 纟 经 经 经 经

种 (種·종) zhǒng, zhòng
종류, 씨, 심다
- 种类 zhǒnglèi 종류
- 种树 zhòngshù 나무를 심다

一 二 千 禾 和 和 和 种

| 还 還·환 hái, huán | 아직, 역시, 돌아오다, 돌려주다
· 还是 háishi 역시
· 还乡 huánxiāng 고향으로 돌아오다 | 一 ア オ 不 不 还 还
还 还 还 还 还 还 还 还 |

| 见 見·견 jiàn | 보다, 만나다
· 见面 jiànmiàn 만나다
· 再见 zàijiàn 안녕히 계세요(가세요) | 丨 冂 贝 见
见 见 见 见 见 见 见 见 |

| 产 産·산 chǎn | 생산하다, 낳다
· 生产 shēngchǎn 생산하다
· 产品 chǎnpǐn 상품, 생산품 | 丶 亠 产 产 产 产
产 产 产 产 产 产 产 产 |

| 进 進·진 jìn | 나아가다, 들어가다
· 进去 jìnqù 들어가다
· 进入 jìnrù 진입하다, 입학하다 | 一 二 尹 井 讲 进 进
进 进 进 进 进 进 进 进 |

| 退 退·퇴 tuì | 물러나다
· 退步 tuìbù 퇴보하다, 물러나다
· 辞退 cítuì 사직하다, 해고하다 | 丨 ㄱ ヨ 月 月 艮 艮 退 退
退 退 退 退 退 退 退 退 |

| 样 樣·양 yàng | 모양, 본보기, 견본
· 一样 yíyàng 같다
· 样子 yàngzi 모양 | 一 十 木 栏 栏 栏 样
样 样 样 样 样 样 样 样 |

| 长 長·장 cháng, zhǎng | 길다, 어른, 대표
· 长短 chángduǎn 장단, 길이
· 科长 kēzhǎng 과장 | ノ 一 ヒ 长 |

| 短 단 duǎn | 짧다, 모자라다
· 短期 duǎnqī 단기
· 短处 duǎnchu 단점 | ノ 一 ヒ 矢 矢 矩 矩 短 短 |

| 门 門·문 mén | 문
· 大门 dàmén 대문, 정문, 앞문
· 开门 kāi mén 문을 열다 | ` 冂 门 |

| 从 從·종 cóng | ~로부터, 따르다, 종사하다
· 从此 cóngcǐ 지금부터
· 从事 cóngshì (~일에) 종사하다 | ノ 人 从 从 |

| 两 兩·량 liǎng | 둘
· 两个 liǎng ge 두 개
· 两面 liǎngmiàn 양쪽, 양면 | 一 丆 丏 丙 丙 两 两 |

| 新 신 xīn | 새롭다
· 新旧 xīnjiù 신구
· 新年 xīnnián 새해 | 一 立 立 辛 亲 亲 新 新 |

旧 舊·구 jiù	낡다, 오래되다, 과거의 · 旧的 jiù de 헌 것, 오래된 것 · 旧时代 jiùshídài 구시대	｜ ｜｜ ｜冂 ｜日 旧

现 现·현 xiàn	지금, 나타나다 · 现在 xiànzài 지금, 현재 · 现实 xiànshí 현실	一 二 下 王 玎 玏 现 现

几 幾·기 jǐ	몇, 얼마 · 几个 jǐ ge 몇 개 · 几月 jǐ yuè 몇 월	丿 几

什 甚·심 shén	무엇 · 什么 shénme 무엇 · 什么时候 shénme shíhou 언제	丿 亻 仁 什

么 麼·마 me	(접미사) · 怎么 zěnme 어떻게, 어째서 · 那么 nàme 그러면	丿 厶 么

怎 즘 zěn	왜, 어째서, 어떻게 · 怎么样 zěnmeyàng 어떠하냐, 어떻게 · 怎么办 zěnme bàn 어떻게 하지?	丿 亇 乍 乍 怎 怎 怎

21

哪	어디, 어느
나 ně	· 哪儿 nǎr 어디 · 哪个 nǎ ge 어느 것

丨 丨 卩 叮 叨 唎 哪 哪
哪 哪 哪 哪 哪 哪 哪 哪

谁	누구
誰·수 shéi, shuí	· 谁的 shéi de 누구의, 누구의 것 · 谁不知道 shéi bù zhīdào 누구든지 안다

丶 讠 讠 讨 诈 诈 谁 谁
谁 谁 谁 谁 谁 谁 谁 谁

气	기운, 공기
氣·기 qì	· 力气 lìqi 힘 · 空气 kōngqì 공기

丿 一 气 气
气 气 气 气 气 气 气 气

等	기다리다, 등급, 같다, ~등
등 děng	· 等待 děngdài 기다리다 · 等级 děngjí 등급

⺮ ⺮ 竺 竺 竺 等 等 等 等
等 等 等 等 等 等 等 等

累	피곤하다, 쌓이다
루 lèi, lěi	· 很累 hěn lèi 아주 피곤하다 · 累积 lěijī 누적하다

丨 ㄇ 田 田 甲 累 累 累
累 累 累 累 累 累 累 累

电	전기
電·전 diàn	· 电气 diànqì 전기 · 电话 diànhuà 전화

丨 冂 冂 曰 电
电 电 电 电 电 电 电 电

① 빈칸을 채우면서 다시 한번 확인합시다.

	간체자	번체자	한어병음	뜻
1.		萬		만
2.		說	shuō	
3.	时		shí	
4.		號		번호, 일(日)
5.		過	guò	
6.	对		duì	
7.		邊	biān	
8.	见		jiàn	
9.	进			나아가다, 들어가다
10.		幾		몇, 얼마

② 한어병음과 뜻을 보고 그에 맞는 단어를 간체자로 써봅시다.

1. jìyì / 기억 _____
2. wǒmen / 우리들 _____
3. tán huà / 이야기하다 _____
4. chéngwéi / ~이 되다 _____
5. shèhuì / 사회 _____
6. xuéxiào / 학교 _____
7. xíguàn / 습관 _____
8. nóngyè / 농업 _____
9. yèwù / 업무 _____
10. dōngfāng / 동방 _____
11. hòutiān / 모레 _____
12. shīrén / 시인 _____
13. háishi / 역시 _____
14. shēngchǎn / 생산하다 _____
15. yàngzi / 모양 _____
16. kāi mén / 문을 열다 _____
17. liǎngmiàn / 양쪽, 양면 _____
18. xiànzài / 지금, 현재 _____
19. kōngqì / 공기 _____
20. diànhuà / 전화 _____

23

| 开 開·개 kāi | 열다, 시작하다, (꽃이)피다
· 开始 kāishǐ 시작하다
· 开花 kāi huā 꽃이 피다 | 一 二 チ 开
开 开 开 开 开 开 开 开 |

| 关 關·관 guān | 닫다, 관문
· 关门 guān mén 문을 닫다
· 海关 hǎiguān 세관 | 、 丷 겹 关 关
关 关 关 关 关 关 关 关 |

| 闭 閉·폐 bì | 닫다, 다물다, 끝내다
· 闭门 bì mén 문을 닫다
· 闭嘴 bì zuǐ 입을 다물다 | 、 亠 门 闩 闭 闭
闭 闭 闭 闭 闭 闭 闭 闭 |

| 实 實·실 shí | 열매, 사실
· 果实 guǒshí 열매
· 实际 shíjì 실제 | 、 宀 宀 宀 宀 实 实
实 实 实 实 实 实 实 实 |

| 当 當·당 dāng, dàng | 담당하다, ~라고 생각하다
· 当然 dāngrán 당연하다
· 当真 dàngzhēn 정말로 여기다 | 丨 丨 亚 当 当 当
当 当 当 当 当 当 当 当 |

| 变 變·변 biàn | 변화하다, 달라지다
· 变化 biànhuà 변화하다
· 事变 shìbiàn 사변 | 、 亠 亣 亦 变 变 变
变 变 变 变 变 变 变 变 |

义 義·의 yì

정의, 뜻
- 义务 yìwù 의무
- 主义 zhǔyì 주의

丶 丷 义

些 사 xiē

약간, 조금, ~들
- 一些 yìxiē 약간, 조금
- 这些 zhèxiē 이것들

丨 ト ト 止 止 此 些 些

贵 貴·귀 guì

비싸다, (신분이나 지위가) 높다
- 宝贵 bǎoguì 귀중하다
- 贵客 guìkè 귀객, 귀빈

丨 口 中 虫 虫 贵 贵 贵

减 減·감 jiǎn

빼다, 감하다, 줄이다
- 减价 jiǎnjià 가격을 내리다
- 减肥 jiǎnféi 살을 빼다

冫 冫 厂 厂 疒 减 减 减

乘 승 chéng

타다, 곱하다
- 乘客 chéngkè 승객
- 乘法 chéngfǎ 승법, 곱셈

一 千 千 千 千 乖 乖 乘

换 換·환 huàn

교환하다, 갈다
- 换钱 huànqián 환전하다
- 交换 jiāohuàn 교환하다

一 寸 扌 扩 护 护 换

25

漢字	뜻	예시	필순
除 제 chú	나누다, 제외하다	除外 chúwài 제외하다 / 除了 chúle ~를 제외하고	了 阝 阝 阡 阼 阼 除 除
著 著·저 zhù	저명하다, 글을 쓰다	著名 zhùmíng 저명하다 / 著作 zhùzuò 저작(하다)	一 艹 艹 艹 苎 荖 著 著
头 頭·두 tóu	머리, 처음, 우두머리	头脑 tóunǎo 두뇌 / 头子 tóuzi 두목	丶 冫 二 头 头
词 詞·사 cí	단어, 말	词典 cídiǎn 사전 / 形容词 xíngróngcí 형용사	丶 讠 汀 词 词 词 词
论 論·론 lùn	의논하다, 토론하다	议论 yìlùn 의논하다 / 讨论 tǎolùn 토론하다	丶 讠 讠 讠 论 论
机 機·기 jī	기계, 기회	洗衣机 xǐyījī 세탁기 / 机会 jīhuì 기회	一 十 才 木 机 机

使
사
shǐ

사용하다, 파견하다, ~에게 ~하도록 하다
- 使用 shǐyòng 사용하다
- 使我 shǐ wǒ 나로 하여금

丿 亻 仁 仨 仨 侳 使 使

第
제
dì

순서, 차례
- 第一 dìyī 제1, 첫 번째
- 第二 dì'èr 제2, 다음, 두 번째

⺮ ⺮ 笞 笞 笞 笃 笃 第 第

很
흔
hěn

매우, 아주
- 很好 hěn hǎo 매우 좋다
- 很大 hěn dà 아주 크다

丿 ⺈ 彳 彳 彳 彳 很 很

想
상
xiǎng

생각하다
- 想像 xiǎngxiàng 상상하다
- 想念 xiǎngniàn 생각하다, 그리워하다

十 木 机 相 相 相 想 想

体
體·체
tǐ

몸, 신체
- 身体 shēntǐ 몸, 신체
- 体育 tǐyù 체육

丿 亻 亻 仁 什 休 体

表
표
biǎo

겉, 본보기, 표, 시계(이 뜻일 때는 錶의 간체자)
- 表面 biǎomiàn 표면
- 手表 shǒubiǎo 손목시계

一 二 キ 主 丰 耒 表 表

| 才 재 cái | 재주, 겨우(이 뜻일 때는 纔의 간체자)
· 才能 cáinéng 재능
· 刚才 gāngcái 방금 | 一 才 才 |

| 但 단 dàn | 다만, 그러나
· 但是 dànshì 그러나
· 但愿 dànyuàn 단지 ~를 원하다 | 丿 亻 亻 亻 但 但 但 |

| 者 자 zhě | ~ 하는 자
· 学者 xuézhě 학자
· 作者 zuòzhě 작가 | 一 十 土 耂 耂 者 者 者 |

| 间 間·간 jiān | 사이
· 时间 shíjiān 시간
· 空间 kōngjiān 공간 | 丶 丨 门 门 问 间 间 |

| 儿 兒·아 ér | 아이, 사람, (접미사)
· 儿子 érzi 아들
· 这儿 zhèr 여기 | 丿 儿 |

| 孩 해 hái | 아이
· 孩子 háizi 아이
· 男孩儿 nán háir 남자아이 | 乛 了 子 子` 孑 孑 孩 孩 |

将

將 · 장
jiāng, jiàng

장차, 장래, 장군

- 将来 jiānglái 장래
- 将军 jiàngjūn 장군

笔顺: 丶 丬 丬 丬 丬 丬 将 将

军

軍 · 군
jūn

군대, 군단

- 军人 jūnrén 군인
- 军队 jūnduì 군대

笔顺: 丶 冖 冖 冖 写 军 军

与

與 · 여
yǔ, yù

~와, 참여하다

- 与否 yǔfǒu 여부
- 参与 cānyù 참여하다

笔顺: 一 与 与

脚

각
jiǎo

발

- 脚背 jiǎobèi 발등
- 手脚 shǒujiǎo 손과 발

笔顺: 月 月 肝 肝 肚 脚 脚 脚

腰

요
yāo

허리

- 腰带 yāodài 허리띠
- 腰痛 yāotòng 요통, 허리가 아프다

笔顺: 月 月 肝 肝 肝 腰 腰 腰

量

량
liáng, liàng

재다, 용량

- 量体温 liáng tǐwēn 체온을 재다
- 重量 zhòngliàng 중량

笔顺: 口 日 旦 昌 昌 昌 量 量

员 員·원 yuán
어떤 분야에 종사하는 사람
- 职员 zhíyuán 직원
- 服务员 fúwùyuán 종업원

丨 丨 冂 冃 月 员 员

情 정 qíng
정, 마음
- 心情 xīnqíng 심정, 마음
- 情人 qíngrén 애인

丶 丶 忄 忄 忄 忄 情 情

最 최 zuì
가장, 최고로
- 最好 zuì hǎo 가장 좋다
- 最大 zuì dà 가장 크다

冂 日 旦 早 昌 最 最 最

级 級·급 jí
등급
- 等级 děngjí 등급
- 高级 gāojí 고급

丿 纟 纟 纫 级 级

结 結·결 jié
맺다, 이루다
- 结婚 jiéhūn 결혼하다
- 结合 jiéhé 결합하다

丿 纟 纟 纟 纩 结 结 结

毕 畢·필 bì
종료하다, 완성하다
- 毕业 bìyè 졸업하다
- 毕竟 bìjìng 필경, 마침내

一 上 比 比 比 毕

한자	뜻	단어	필순 및 쓰기
师 (師·사) shī	교사, 스승	· 老师 lǎoshī 선생님 · 师傅 shīfu 스승, 사범	丨丿丆厂师师
路 (로) lù	길, 도로	· 马路 mǎlù 도로, 길 · 走路 zǒu lù 길을 걷다	口口모모是跃跃路
党 (黨·당) dǎng	정당, 집단	· 政党 zhèngdǎng 정당 · 党派 dǎngpài 당파	
便 (편) biàn, pián	편리하다, (값이) 싸다 대·소변(을 보다)	· 方便 fāngbiàn 편리하다 · 便宜 piányi 싸다	丿亻亻仁佰佰便便
愿 (願·원) yuàn	원하다, 소원	· 愿意 yuànyi 원하다, 바라다 · 愿望 yuànwàng 희망, 바람	
总 (總·총) zǒng	총괄하다, 우두머리의	· 总计 zǒngjì 총계, 합계 · 总统 zǒngtǒng 대통령	

题 **題·제** tí	제목, 문제 · 题目 tímù 제목 · 问题 wèntí 문제	冂 日 早 旱 是 countries 题 题

给 **給·급** gěi, jǐ	주다, 공급하다, ~에게 · 给我 gěi wǒ 나에게 (주다) · 供给 gōngjǐ 공급하다	丿 纟 纟 纟 纟 纟 给 给

队 **隊·대** duì	대열, 단체 · 排队 pái duì 줄을 서다 · 音乐队 yīnyuèduì 악대	了 阝 阡 队

战 **戰·전** zhàn	싸움, 전쟁 · 战争 zhànzhēng 전쟁 · 战斗 zhàndòu 전투, 싸움	丨 卜 占 占 占 战 战 战

课 **課·과** kè	과목, 수업, 과 · 上课 shàng kè 수업하다 · 课文 kèwén 본문	丶 讠 讠 讠 评 评 课

返 **返·반** fǎn	돌아오다(가다), 복귀하다 · 往返 wǎngfǎn 왕복하다 · 返回 fǎnhuí 되돌아가다	一 厂 厂 反 返 返 返

灰
회 huī

회색, 흐리다, 재, 먼지
- 灰色 huīsè 회색
- 灰尘 huīchén 먼지

一ナ广广灰灰

红
紅·홍 hóng

붉다
- 红色 hóngsè 붉은색
- 粉红色 fěnhóngsè 분홍색

⺯ ⺯ ⺯ 纟 红 红 红

黄
黃·황 huáng

노랗다, 실패하다
- 黄色 huángsè 노란색
- 买卖黄了 mǎimài huáng le 장사가 망했다

一 艹 艹 井 井 带 黄 黄

绿
綠·록 lǜ

녹색
- 绿色 lǜsè 녹색
- 绿豆 lǜdòu 녹두

⺯ ⺯ ⺯ 纟 纩 绉 绿 绿

蓝
藍·람 lán

푸르다
- 蓝色 lánsè 남색
- 蓝天 lántiān 푸른 하늘

一 艹 艹 萨 萨 萨 蓝 蓝

棕
종 zōng

갈색, 종려나무
- 棕色 zōngsè 갈색
- 棕树 zōngshù 종려나무

一 十 木 木 朽 柠 棕 棕

한자	뜻	필순
颜 颜·안 yán	얼굴, 색깔, 체면 · 容颜 róngyán 용모, 생김새 · 颜色 yánsè 색깔	亠 亡 立 产 彦 颜 颜 颜
建 건 jiàn	세우다, 짓다 · 建立 jiànlì 세우다 · 建筑 jiànzhù 건축하다	乛 ⺻ ⺻ 㐄 聿 聿 建 建
健 건 jiàn	건강하다 · 健康 jiànkāng 건강하다 · 保健 bǎojiàn 보건	亻 亻 伃 伊 津 律 健 健
问 問·문 wèn	묻다 · 问好 wènhǎo 안부를 묻다 · 疑问 yíwèn 의문	丶 冂 门 问 问 问
闻 聞·문 wén	듣다, 소문나다, 냄새를 맡다 · 闻名 wénmíng 이름이 알려지다 · 丑闻 chǒuwén 추문, 나쁜 소문	丶 冂 门 门 闻 闻 闻 闻
真 眞·진 zhēn	참되다, 진실하다 · 真理 zhēnlǐ 진리 · 真实 zhēnshí 진실	一 十 广 方 古 直 直 真

연습문제

① 빈칸을 채우면서 다시 한번 확인합시다.

	간체자	번체자	한어병음	뜻
1.		開	kāi	
2.		貴		비싸다, 높다
3.	词			단어, 말
4.	体		tǐ	
5.	间	間		
6.		與		~와, 참여하다
7.	员			어떤 분야에 종사하는 사람
8.		給		주다, 공급하다, ~에게
9.	红		hóng	
10.		問		묻다

② 한어병음과 뜻을 보고 그에 맞는 단어를 간체자로 써봅시다.

1. guān mén / 문을 닫다 _____
2. dāngrán / 당연하다 _____
3. shíjì / 실제 _____
4. huànqián / 환전하다 _____
5. tóunǎo / 두뇌 _____
6. tǎolùn / 토론하다 _____
7. jīhuì / 기회 _____
8. érzi / 아들 _____
9. jiānglái / 장래 _____
10. jūnrén / 군인 _____
11. děngjí / 등급 _____
12. jiéhūn / 결혼하다 _____
13. bìyè / 졸업하다 _____
14. lǎoshī / 선생님 _____
15. wèntí / 문제 _____
16. shàng kè / 수업하다 _____
17. lǜsè / 녹색 _____
18. yánsè / 색깔 _____
19. wènhǎo / 안부를 묻다 _____
20. zhēnlǐ / 진리 _____

假 jiǎ, jià (가)
거짓의, 가짜로, 만약, 휴가
- 假如 jiǎrú 만일, 가령
- 放假 fàngjià 휴가로 쉬다, 방학하다

筆順: 亻 亻' 亻'' 仔 仮 侃 假 假

数 shù, shǔ (數·수)
수, 헤아리다
- 数学 shùxué 수학
- 数数儿 shǔ shùr 수를 세다

筆順: 丷 ⺍ 米 娄 娄 娄 数 数

展 zhǎn (전)
펼치다, 전개하다
- 展示 zhǎnshì 전시하다
- 发展 fāzhǎn 발전하다

筆順: 一 ㄱ 尸 尸 屁 屏 展 展 展

资 zī (資·자)
재물, 자본, 금전
- 资本 zīběn 자본
- 工资 gōngzī 월급

筆順: 丶 冫 次 次 次 次 咨 资

解 jiě (해)
풀다, 해석하다
- 解释 jiěshì 해석하다
- 解决 jiějué 해결하다

筆順: 勹 夕 角 角 角' 解 解 解 解

提 tí (제)
들다, 제기하다, 언급하다
- 提起 tíqǐ 말을 꺼내다, 제기하다
- 提出 tíchū 제출하다, 제의하다

筆順: 一 十 扌 护 押 捍 捍 提

| 线 線·선 xiàn | 줄, 선
· 线路 xiànlù 회로, 노선
· 线索 xiànsuǒ 실마리, 단서 | ˊ ˊ ˊ ˊ 纟 纟 线 线 线
线 线 线 线 线 线 线 |

| 条 條·조 tiáo | 나뭇가지, 항목, (긴 형태의 것을 세는 양사)
· 条约 tiáoyuē 조약
· 一条河 yì tiáo hé 한 줄기 강 | ノ ク 夂 冬 条 条 条
条 条 条 条 条 条 条 |

| 云 雲·운 yún | 구름
· 白云 báiyún 흰 구름
· 云雾 yúnwù 구름과 안개 | 一 二 云 云
云 云 云 云 云 云 云 |

| 雪 설 xuě | 눈
· 下雪 xià xuě 눈이 내리다
· 白雪 báixuě 흰 눈 | 一 厂 戶 币 而 雨 雪 雪 雪
雪 雪 雪 雪 雪 雪 雪 雪 |

| 霜 상 shuāng | 서리
· 下霜 xià shuāng 서리가 내리다
· 霜害 shuānghài 서리 피해 | 雨 雨 雪 霏 霜 霜 霜 霜
霜 霜 霜 霜 霜 霜 霜 霜 |

| 露 로 lù, lòu | 이슬, 드러나다
· 露水 lùshui 이슬
· 露馅儿 lòuxiànr 탄로나다 | 雨 雨 雨 雨 露 露 露 露 露
露 露 露 露 露 露 露 露 |

雾
雾 · 무
wù

안개, 작은 물방울
- 下雾 xià wù
  안개가 끼다
- 喷雾器 pēnwùqì
  분무기

一 一 一 一 一 雪 雪 雲 雯 零 雾

雷
뢰
léi

천둥
- 打雷 dǎ léi
  천둥치다
- 雷雨 léiyǔ
  뇌우

一 一 一 一 雨 雨 雷 雷

系
係, 繫 · 계
xì

관련되다, 맺다, 매다
- 关系 guānxi
  관계, 사이
- 系铃人 xìlíngrén
  장본인

一 一 ｦ 至 至 乊 系 系

价
價 · 가
jià

가격, 값, 가치
- 价格 jiàgé
  가격
- 价值 jiàzhí
  가치

丿 亻 亻 价 价 价

阶
階 · 계
jiē

계단, 등급
- 阶段 jiēduàn
  단계, 계단
- 阶级 jiējí
  계급

⻖ 阝 阝 阝 阶 阶

报
報 · 보
bào

보고하다, 신문
- 报告 bàogào
  보고하다, 보고서
- 报纸 bàozhǐ
  신문

一 十 扌 扌 扣 报 报

| 管 관 guǎn | 대롱, 관리하다
· 吸管 xīguǎn 빨대
· 管理 guǎnlǐ 관리하다 | ⺮ ⺮ ⺮ ⺮ ⺮ 管 管 管
管 管 管 管 管 管 管 管 |

| 馆 館·관 guǎn | 집
· 茶馆 cháguǎn 찻집
· 图书馆 túshūguǎn 도서관 | ⺈ ⺈ ⺈ 仁 饣 饣 馆 馆
馆 馆 馆 馆 馆 馆 馆 馆 |

| 缺 결 quē | 모자라다
· 缺乏 quēfá 모자라다
· 缺点 quēdiǎn 단점 | ⺈ ⺈ 乍 缶 缶 缶 缺 缺
缺 缺 缺 缺 缺 缺 缺 缺 |

| 争 爭·쟁 zhēng | 다투다, 싸우다
· 争取 zhēngqǔ 쟁취하다, 획득하다
· 斗争 dòuzhēng 투쟁(하다) | ⺈ ⺈ ⺈ 乌 乌 争
争 争 争 争 争 争 争 争 |

| 斗 두, 鬪·투 dǒu, dòu | 말(양사), 북두칠성, 싸움하다
· 北斗 běidǒu 북두
· 战斗 zhàndòu 전투, 싸움 | ⺈ ⺈ 二 斗
斗 斗 斗 斗 斗 斗 斗 斗 |

| 声 聲·성 shēng | 소리
· 声音 shēngyīn 소리
· 声调 shēngdiào 성조 | 一 十 士 吉 吉 吉 声
声 声 声 声 声 声 声 声 |

| 听 聽·청 tīng | 듣다
· 听众 tīngzhòng 청중
· 听力 tīnglì 청력 |

丨 口 口 叮 叮 听 听

听 听 听 听 听 听 听 听

| 吃 흘 chī | 먹다
· 吃饭 chī fàn 밥을 먹다
· 吃醋 chī cù 시기하다, 질투하다 |

丨 口 口 叮 吃 吃

吃 吃 吃 吃 吃 吃 吃 吃

| 喝 갈 hē | 마시다
· 喝酒 hē jiǔ 술을 마시다
· 喝茶 hē chá 차를 마시다 |

口 叩 咀 唱 喝 喝 喝 喝

喝 喝 喝 喝 喝 喝 喝 喝

| 读 讀·독 dú | 읽다
· 朗读 lǎngdú 낭독하다
· 读音 dúyīn (글자의) 발음 |

丶 讠 讠 诗 诗 读 读 读

读 读 读 读 读 读 读 读

| 书 書·서 shū | 책, 문서
· 书店 shūdiàn 서점
· 中文书 zhōngwénshū 중국어책 |

乛 书 书 书

书 书 书 书 书 书 书 书

| 灾 災·재 zāi | 재앙
· 灾难 zāinàn 재난
· 火灾 huǒzāi 화재 |

丶 丷 宀 宀 灾 灾 灾

灾 灾 灾 灾 灾 灾 灾 灾

运 運·운 yùn
운반하다, 운
- 运输 yùnshū 운반하다
- 运气 yùnqi 운세

一 二 テ 云 云 运 运

须 須·수 xū
반드시
- 必须 bìxū 반드시
- 须要 xūyào 꼭 ~ 해야 한다

ノ ク 彡 彡 彡 彡 须 须

彼 피 bǐ
저, 그
- 彼此 bǐcǐ 피차, 서로
- 彼时 bǐshí 그 때, 당시

ノ ノ 彳 彳 疒 衤 彼 彼

被 피 bèi
당하다, 이불
- 被害 bèihài 피해
- 被子 bèizi 이불

丶 丿 才 衤 衤 衤 衤 被

接 접 jiē
접하다, 받다, 마중하다
- 接待 jiēdài 접대하다
- 连接 liánjiē 서로 잇닿다

一 十 扌 扩 护 护 按 接 接

华 華·화 huá
화려하다, 중국
- 华贵 huáguì 화려하고 진귀하다
- 华侨 huáqiáo 화교

ノ イ 伙 化 化 华

干	마르다, 텅비다, 줄기, (일 따위를) 하다	一 二 干
乾·건, 幹·간 gān, gàn	· 干杯 gānbēi 건배(하다) · 干什么 gàn shénme 무엇을 하니?	干 干 干 干 干 干 干 干

区	구역, 나누다	一 匚 区 区
區·구 qū	· 区域 qūyù 구역, 지역 · 区别 qūbié 구별하다, 다르다	区 区 区 区 区 区 区 区

欧	유럽	一 匚 区 区 区′ 欧′ 欧
歐·구 ōu	· 欧洲 ōuzhōu 유럽 · 欧美 ōuměi 구미	欧 欧 欧 欧 欧 欧 欧 欧

济	구제하다	氵 氵 汸 汸 泲 泲 济
濟·제 jì	· 经济 jīngjì 경제 · 济世 jìshì 세상 사람을 구하다	济 济 济 济 济 济 济 济

计	세다, 계산하다, 계획	丶 讠 计 计
計·계 jì	· 计算 jìsuàn 계산하다 · 计划 jìhuà 계획	计 计 计 计 计 计 计 计

特	특별하다	丿 ⺧ 牜 牛′ 牥 牯 特 特
特·특 tè	· 特别 tèbié 특별하다 · 特异 tèyì 특이하다	特 特 特 特 特 特 特 特

殊
수 shū

다르다, 뛰어나다
- 特殊 tèshū 특수하다
- 殊勋 shūxūn 수훈

一 ァ 歹 歹 殊 殊 殊

组
組·조 zǔ

조직하다, 팀
- 组织 zǔzhī 조직하다
- 小组 xiǎozǔ 조직, 팀

〈 ㄠ 纟 纠 织 组 组

鼠
서 shǔ

쥐
- 老鼠 lǎoshǔ 쥐
- 鼠胆 shǔdǎn 담력이 약하다, 겁쟁이

'' 广 广 臼 臼 臼 卣 鼠 鼠

兔
토 tù

토끼
- 兔子 tùzi 토끼
- 野兔 yětù 산토끼

丿 ク 々 召 召 冎 兔 兔

龙
龍·롱 lóng

용
- 龙门 lóngmén 등용문
- 龙虾 lóngxiā 대하, 용새우

一 ナ 尤 龙 龙

马
馬·마 mǎ

말
- 马路 mǎlù 도로
- 马车 mǎchē 마차

フ 马 马

43

猴 hóu
후
원숭이
- 猴子 hóuzi 원숭이
- 猴儿 hóur 원숭이

丿 亻 犭 犭 犷 犷 猴 猴

鸡 jī
鷄·계
닭
- 鸡肉 jīròu 닭고기
- 鸡蛋 jīdàn 달걀

フ 又 叉 尽 鸡 鸡 鸡

猪 zhū
猪·저
돼지
- 猪肉 zhūròu 돼지고기
- 野猪 yězhū 멧돼지

丿 亻 犭 犭 犲 犷 狆 猪 猪

议 yì
議·의
의견, 의논하다
- 会议 huìyì 회의
- 议案 yì'àn 의안, 안건

丶 讠 讥 议

并 bìng
并,竝·병
아우르다, 함께, 도리어
- 并列 bìngliè 병렬하다
- 并且 bìngqiě 도리어

丶 䒑 兰 兰 并 并

设 shè
設·설
베풀다, 세우다, 설치하다
- 设立 shèlì 설립하다
- 设备 shèbèi 설비

丶 讠 讥 设 设 设

强 (강 qiáng)
강하다, 세다
- 强大 qiángdà 힘세다, 강하다
- 强人 qiángrén 강한 사람, 강자

书き順: 乛 弓 弘 弱 弹 弹 强 强

直 (直·직 zhí)
곧다, 직접
- 一直 yìzhí 곧바로
- 直接 zhíjiē 직접

书き順: 一 ナ ナ 古 盲 直 直

务 (務·무 wù)
임무, 힘쓰다
- 任务 rènwù 임무
- 服务 fúwù 일하다, 서비스(하다)

书き順: ノ ク 夂 冬 务

领 (領·령 lǐng)
거느리다, 이끌다
- 领导 lǐngdǎo 거느리다, 이끌다
- 领队 lǐngduì 인솔하다, 인솔자

书き順: ノ 人 人 今 今 令 领 领

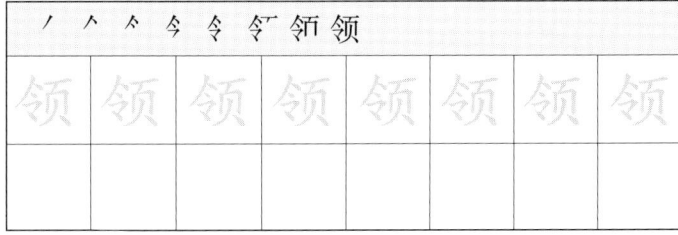

联 (聯·련 lián)
잇다, 연결하다
- 联合 liánhé 연합하다
- 联络 liánluò 연락하다

书き順: 一 丌 丌 耳 耳 耶 联

记 (記·기 jì)
기억하다, 암기하다, 기록하다
- 记忆 jìyì 기억하다
- 记录 jìlù 기록하다

书き順: 丶 讠 讠 记 记

基 기 jī
기본, 기초
- 基本 jīběn 기본
- 基础 jīchǔ 기초

一 十 艹 甘 其 其 其 基 基

质 質·질 zhì
바탕, 품질
- 质量 zhìliàng 품질
- 性质 xìngzhì 성질, 성격

一 厂 厂 匚 乕 乕 质 质

指 지 zhǐ
가리키다, 지도하다, 손가락
- 指导 zhǐdǎo 지도하다
- 手指 shǒuzhǐ 손가락

一 十 扌 扩 拧 指 指 指

帮 幇·방 bāng
돕다
- 帮助 bāngzhù 돕다
- 帮忙 bāngmáng 돕다

三 丰 丰 邦 邦 帮 帮

抬 擡·대 tái
들다, 올리다
- 抬举 táiju 발탁하다
- 抬头 táitóu 머리를 들다, 세력을 얻다

一 十 扌 扩 抄 抬 抬 抬

导 導·도 dǎo
이끌다, 지도하다
- 指导 zhǐdǎo 지도하다
- 导演 dǎoyǎn 영화감독, 연출가

一 コ 巳 므 므 导 导

① 빈칸을 채우면서 다시 한번 확인합시다.

	간체자	번체자	한어병음	뜻
1.		資	zī	
2.		雲		구름
3.	价			가격, 값, 가치
4.			guǎn	집
5.	听	聽		
6.		華	huá	
7.	计	計		
8.		馬		말
9.	鸡	鷄		
10.	记			기억하다, 기록하다

② 한어병음과 뜻을 보고 그에 맞는 단어를 간체자로 써봅시다.

1. fàng jià / 휴가로 쉬다, 방학하다 _____
2. shùxué / 수학 _____
3. tiáoyuē / 조약 _____
4. guānxi / 관계, 사이 _____
5. jiēduàn / 단계, 계단 _____
6. bàogào / 보고하다, 보고서 _____
7. shēngyīn / 소리 _____
8. lǎngdú / 낭독하다 _____
9. shūdiàn / 서점 _____
10. yùnqi / 운수 _____
11. bìxū / 반드시 _____
12. jiēdài / 접대하다 _____
13. qūyù / 구역, 지역 _____
14. zǔzhī / 조직하다 _____
15. shèlì / 설립하다 _____
16. zhíjiē / 직접 _____
17. fúwù / 복무, 서비스 _____
18. lǐngdǎo / 거느리다, 이끌다 _____
19. liánluò / 연락하다 _____
20. jìyì / 기억하다 _____

| 快 쾌 kuài | 빠르다, 곧 즐겁(게 하)다
· 快餐 kuàicān 즉석 음식, 패스트 푸드
· 快乐 kuàilè 즐겁다 | 丶丶忄忄忄快快 |

| 慢 만 màn | 느리다
· 慢走 mànzǒu 천천히 가다, 살펴 가세요!
· 慢车 mànchē 완행 (열)차 | 丶丶忄忄忄悍悍悍慢 |

| 科 과 kē | 과목, 과
· 科学 kēxué 과학
· 科长 kēzhǎng 과장 | 一二千禾禾禾科科 |

| 块 塊·괴 kuài | 덩어리, 위엔(元), 함께
· 土块 tǔkuài 흙덩이
· 十块 shí kuài 십 위엔 | 一十土圤圤块块 |

| 难 難·난 nán | 어렵다
· 困难 kùnnan 곤란하다, 어려움
· 难忘 nán wàng 잊기 어렵다 | 丆又汉对难难难 |

| 统 統·통 tǒng | 합하다, 다스리다
· 统一 tǒngyī 통일하다
· 统治 tǒngzhì 통치하다 | 丿幺幺纟纩统统统 |

| 处 處·처 chù, chǔ | 곳, 처리하다
· 到处 dàochù 도처
· 处理 chǔlǐ 처리하다 | ノ 夂 夂 处 处 |

| 认 認·인 rèn | 알다, 인식하다
· 认识 rènshi 알다
· 承认 chéngrèn 승인하다 | 丶 讠 认 认 |

| 图 圖·도 tú | 그림
· 图书 túshū 서적
· 地图 dìtú 지도 | 丨 冂 门 冈 图 图 图 |

| 则 則·즉,칙 zé | 법칙, 규범, 단지 ~일 뿐
· 学则 xuézé 학칙
· 法则 fǎzé 법칙 | 丨 冂 贝 贝 则 则 |

| 即 卽·즉 jí | 곧, 설사 ~ 할지라도
· 即时 jíshí 즉시
· 即使 jíshǐ 설사 ~ 하더라도 | ㄱ ㅋ ㅋ 艮 艮 即 即 |

| 研 硏·연 yán | 연구하다
· 研究 yánjiū 연구하다
· 研讨 yántǎo 연구 토론하다 | 一 ㄏ 丆 石 石 石 研 |

| 努 노 nǔ | 힘쓰다, 노력하다
· 努力 nǔlì 노력하다
· 努儿 nǔr 노력 | ㄱ 夕 夕 奴 奴 努 努 |

| 场 場·장 chǎng | 장소, 마당
· 场所 chǎngsuǒ 장소
· 操场 cāochǎng 운동장 | 一 十 土 圹 场 场 |

| 挂 掛·괘 guà | 걸다, 근심하다
· 挂钟 guàzhōng 괘종시계
· 挂念 guàniàn 근심하다 | 一 十 扌 扩 拦 拦 拌 挂 |

| 带 帶·대 dài | 띠, 지니다, 데리고 다니다
· 腰带 yāodài 허리띠
· 带来 dàilái 가지고 오다 | 一 卅 卅 丗 带 带 带 |

| 亲 親·친 qīn | 어버이, 친하다
· 母亲 mǔqīn 모친
· 亲切 qīnqiè 친절하다 | 丶 亠 立 辛 辛 辛 亲 |

| 孙 孫·손 sūn | 손자, 자손
· 孙子 sūnzi 손자
· 孙女 sūnnǚ 손녀 | 丁 了 子 孑 孙 孙 |

妇 婦·부 fù	부인 · 妇女 fùnǚ 부녀 · 主妇 zhǔfù 주부

乚 乙 女 女 妇 妇

妻 처 qī	처, 아내 · 妻子 qīzi 아내 · 夫妻 fūqī 부부

一 ㄱ ㄹ ㅋ 圭 妻 妻 妻

跟 근 gēn	~과, 따르다 · 跟不上 gēn bu shàng 따라 잡을 수 없다 · 跟着 gēnzhe 잇달아, ~에 따라

口 ㅁ ㅁ 무 跙 跙 跟 跟 跟

许 許·허 xǔ	허가하다, 혹시 · 允许 yǔnxǔ 허락하다 · 也许 yěxǔ 아마도

丶 讠 讠 许 许 许

远 遠·원 yuǎn	멀다 · 远方 yuǎnfāng 먼 곳 · 远处 yuǎnchù 먼 곳

一 二 テ 元 元 远 远

料 료 liào	예측하다, 재료 · 料到 liàodào 예측하다, 생각이 미치다 · 原料 yuánliào 원료

丷 ハ 半 米 米 米 料 料

吗
嗎 · 마
ma

(의문조사) ~ 입니까

- 好吗 hǎo ma 좋습니까
- 对吗 duì ma 맞습니까

丨 口 口 叮 吗 吗

术
術 · 술
shù

재주, 기술

- 技术 jìshù 기술
- 武术 wǔshù 무술

一 十 才 木 术

达
達 · 달
dá

도달하다, 이르다

- 到达 dàodá 도달하다
- 达成 dáchéng 달성하다

一 ナ 大 አ 达 达

推
추, 퇴
tuī

밀다

- 推门 tuī mén 문을 밀다
- 推敲 tuīqiāo 퇴고하다

一 丅 扌 扌 扩 拝 推 推

众
衆 · 중
zhòng

무리, 대중

- 大众 dàzhòng 대중
- 观众 guānzhòng 관중

丿 人 个 众 分 众

风
風 · 풍
fēng

바람, 풍습

- 暴风 bàofēng 폭풍
- 风俗 fēngsú 풍속

丿 几 凤 风

52

据 거 jù	근거하다 · 据说 jùshuō 예를 들어 말하다 · 根据 gēnjù 근거하다	扌 扩 护 护 护 护 据

据 据 据 据 据 据 据 据

曾 曾·증 céng, zēng	이미, 일찍이, 증(두 세대를 사이에 둔 항렬) · 曾经 céngjīng 일찍이 · 曾孙 zēngsūn 증손	⺍ 丷 兯 肖 肖 曾 曾 曾

曾 曾 曾 曾 曾 曾 曾 曾

增 增·증 zēng	늘다 · 增加 zēngjiā 증가하다 · 增产 zēngchǎn 증산하다	一 十 土 圵 圴 圴 增 增 增

增 增 增 增 增 增 增 增

程 정 chéng	규정, 순서 · 过程 guòchéng 과정 · 程度 chéngdù 정도	一 二 千 禾 秆 秆 程 程

程 程 程 程 程 程 程 程

团 團·단 tuán	단체, 모임 · 团体 tuántǐ 단체 · 团结 tuánjié 단결하다	丨 冂 冂 月 团 团

团 团 团 团 团 团 团 团

季 계 jì	계절 · 季节 jìjié 계절 · 四季 sìjì 사계절	一 二 千 禾 季 季 季

季 季 季 季 季 季 季 季

春 춘 chūn
봄
- 春天 chūntiān 봄
- 春节 chūnjié 설날

一 二 声 夫 表 春 春 春

夏 하 xià
여름
- 夏天 xiàtiān 여름
- 夏至 xiàzhì 하지

一 丆 丆 丆 百 頁 夏 夏

秋 추 qiū
가을
- 秋天 qiūtiān 가을
- 仲秋节 zhōngqiūjié 추석, 중추절

一 二 千 禾 禾 利 秒 秋

冬 동 dōng
겨울
- 冬天 dōngtiān 겨울
- 冬至 dōngzhì 동지

丿 夂 夂 冬 冬

望 망 wàng
바라보다, 바라다
- 望远镜 wàngyuǎnjìng 망원경
- 希望 xīwàng 희망하다

亠 亡 切 朝 望 望 望

办 辦·판 bàn
처리하다
- 办事 bànshì 일을 하다
- 办手续 bàn shǒuxù 수속을 하다

丁 力 办 办

观
觀 · 관
guān

보다
- 参观 cānguān 참관하다
- 观光 guānguāng 관광하다

丿 又 刈 ㄡ 观 观

算
산
suàn

계산하다
- 计算 jìsuàn 계산하다
- 打算 dǎsuan ~할 작정이다

⺮ ⺮ ⺮ 笞 笞 笪 笪 算

练
練 · 련
liàn

연습하다, 단련하다
- 练习 liànxí 연습하다
- 排练 páiliàn 조련하다

ㄑ ㄠ 纟 红 纯 练 练

调
調 · 조
diào, tiáo

가락, 섞다, 조정하다
- 声调 shēngdiào 성조
- 调节 tiáojié 조절하다

丶 讠 讠 订 讥 词 调 调 调

较
較 · 교
jiào

비교하다
- 比较 bǐjiào 비교하다
- 较量 jiàoliàng 힘을 겨루다

一 七 士 车 车 轾 轾 较 较

请
請 · 청
qǐng

청하다, 부탁하다
- 请客 qǐng kè 손님을 청하다
- 邀请 yāoqǐng 초청하다

丶 讠 讠 讠 请 请 请 请 请

园	동산, 정원
園·원 yuán	· 庭园 tíngyuán 정원 · 公园 gōngyuán 공원

丨 冂 冂 冃 园 园 园

圆	둥글다, 완전하다
圓·원 yuán	· 圆满 yuánmǎn 원만하다 · 圆形 yuánxíng 원형

丨 冂 冂 冃 冃 圆 圆

爱	사랑하다
愛·애 ài	· 爱情 àiqíng 애정 · 爱人 àiren 남편(아내)

一 ⺍ ⺍ 严 严 乎 爱 爱

广	넓다
廣·광 guǎng	· 广大 guǎngdà 광대하다 · 广凡 guǎngfàn 광범위하다

丶 亠 广

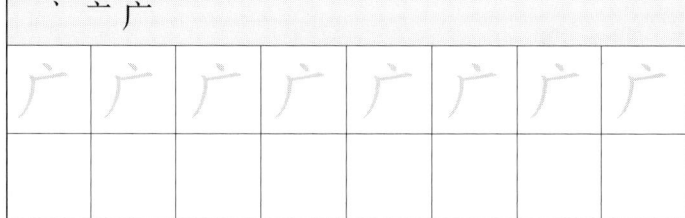

张	펴다, 벌리다, (평면이 있는 것을 세는 양사)
張·장 zhāng	· 张开 zhāngkāi 열다, 펴치다 · 两张纸 liǎng zhāng zhǐ 종이 두 장

フ 弓 弓 弘 张 张

连	잇다, 연결하다, ~마저도
連·련 lián	· 连接 liánjiē 연결하다 · 连续 liánxù 연속으로

一 ㄷ 左 车 车 连 连

压	누르다	一 厂 厂 圧 压 压
壓·압 yā	·压力 yālì 압력, 스트레스 ·压缩 yāsuǒ 압축하다	压 压 压 压 压 压 压 压

觉	느끼다, 잠(자다)	丶 丷 丷 尚 尚 尚 觉
覺·각 jué, jiào	·感觉 gǎnjué 감각 ·睡觉 shuìjiào 잠자다	觉 觉 觉 觉 觉 觉 觉 觉

识	알다	丶 讠 识 识 识 识
識·식 shí	·认识 rènshi 알다, 인식하다 ·知识 zhīshi 지식	识 识 识 识 识 识 识 识

际	가장자리, 끝	乛 阝 阝 阡 际
際·제 jì	·国际 guójì 국제 ·际限 jìxiàn 한계, 끝	际 际 际 际 际 际 际 际

举	치켜들다, 제시하다	丶 丷 丷 ୴ ୴ 兴 举 举
擧·거 jǔ	·举手 jǔ shǒu 손을 들다 ·举行 jǔxíng 거행하다	举 举 举 举 举 举 举 举

专	전문적이다, 오로지	一 二 专 专
專·전 zhuān	·专门 zhuānmén 전문 ·专业 zhuānyè 전공	专 专 专 专 专 专 专 专

类	종류, 무리
類·류 lèi	·种类 zhǒnglèi 종류 ·类似 lèisì 유사하다

丶 丷 丛 米 米 米 类 类

类 类 类 类 类 类 类 类

单	홑, 단일, (글을 적어 넣은) 쪽지
單·단 dān	·单数 dānshù 단수, 홀수 ·菜单 càidān 메뉴, 차림표

丶 丷 ⺌ 肖 肖 肖 单

单 单 单 单 单 单 单 单

权	권세
權·권 quán	·权力 quánlì 권력 ·政权 zhèngquán 정권

一 十 十 木 杛 权

权 权 权 权 权 权 权 权

装	장식하다
裝·장 zhuāng	·装饰 zhuāngshì 장식하다 ·服装 fúzhuāng 옷, 복장

丶 丶 丬 壮 壮 壮 姑 装 装 装

装 装 装 装 装 装 装 装

批	비평하다
비 pī	·批评 pīpíng 비평하다 ·批准 pīzhǔn 비준하다

一 十 扌 扌 扎 批 批

批 批 批 批 批 批 批 批

找	찾다, 채우다 거슬러 주다
조 zhǎo	·找人 zhǎo rén 사람을 찾다 ·找钱 zhǎo qián 거슬러 주다

一 十 扌 扌 找 找 找

找 找 找 找 找 找 找 找

① 빈칸을 채우면서 다시 한번 확인합시다.

	간체자	번체자	한어병음	뜻
1.		難		어렵다
2.		處	chù, chǔ	
3.	挂	掛		
4.		遠		멀다
5.		術	shù	
6.	风			바람, 풍습
7.		辦	bàn	
8.	爱			사랑하다
9.		擧		치켜들다, 제시하다
10.		類	lèi	

② 한어병음과 뜻을 보고 그에 맞는 단어를 간체자로 써봅시다.

1. tǒngyī / 통일하다 _____
2. rènshi / 알다 _____
3. dìtú / 지도 _____
4. cāochǎng / 운동장 _____
5. mǔqīn / 모친 _____
6. yěxǔ / 아마도 _____
7. dàodá / 도달하다 _____
8. tuántǐ / 단체 _____
9. cānguān / 참관하다 _____
10. liànxí / 연습하다 _____
11. bǐjiào / 비교하다 _____
12. qǐngkè / 손님을 청하다 _____
13. guǎngdà / 광대하다 _____
14. liánxù / 연속으로 _____
15. yālì / 압력, 스트레스 _____
16. rènshi / 알다, 인식하다 _____
17. guójì / 국제 _____
18. zhuānyè / 전공 _____
19. càidān / 메뉴, 차림표 _____
20. quánlì / 권력 _____

| 往 왕 wǎng | 가다, ~ 로 가다 ~ 쪽으로 · 往来 wǎnglái 왕래하다 · 往东 wǎngdōng 동쪽으로 |

丿 彳 彳 彳 彳 彳 往 往
往 往 往 往 往 往 往

| 该 該·해 gāi | ~ 해야한다, 꼭, 이, 그, 저 · 应该 yīnggāi 마땅히 ~ 해야 한다 · 该书 gāishū 이 문서 |

丶 讠 讠 讠 讠 该 该 该
该 该 该 该 该 该 该

| 约 約·약 yuē | 약속하다 · 约会 yuēhuì 약속하다 · 条约 tiáoyuē 조약 |

丿 乡 纟 纟 约 约
约 约 约 约 约 约 约

| 照 조 zhào | 비치다, 찍다 · 照明 zhàomíng 조명 · 照相机 zhàoxiàngjī 사진기 |

丨 日 旫 旫 昭 昭 照 照
照 照 照 照 照 照 照

| 神 神·신 shén | 귀신, 신 · 神仙 shénxiān 신선 · 神经 shénjīng 신경 |

丶 礻 礻 礻 祀 袖 神
神 神 神 神 神 神 神

| 鬼 귀 guǐ | 귀신 · 魔鬼 móguǐ 마귀 · 鬼魂 guǐhún 망령, 영혼 |

丿 宀 白 白 甶 鬼 鬼
鬼 鬼 鬼 鬼 鬼 鬼 鬼

转 (轉 · 전) zhuǎn, zhuàn
바뀌다, 전하다, 회전하다
- 转告 zhuǎngào 전달하다, 전하여 알리다
- 转门 zhuànmén 회전문

一 ナ 七 车 车 轩 转 转

扫 (掃 · 소) sǎo
쓸다, 소제하다
- 打扫 dǎsǎo 청소하다
- 扫墓 sǎomù 성묘하다

一 ナ 扌 扫 扫

拌 (반) bàn
섞다, 무치다, 비비다
- 拌菜 bàncài (음식을) 버무리다
- 拌饭 bànfàn 비빔밥

一 ナ 扌 扌' 扦 拌 拌

拥 (擁 · 옹) yōng
껴안다, 가지다, 보유하다
- 拥抱 yōngbào 포옹하다
- 拥有 yōngyǒu 소유하다

一 ナ 扌 扌 扣 拥 拥 拥

归 (歸 · 귀) guī
돌아가다, 돌아오다
- 归国 guīguó 귀국하다
- 归天 guītiān 죽다

一 ㄐ 卪 归 归

验 (驗 · 험) yàn
시험하다, 검사하다
- 实验 shíyàn 실험하다
- 经验 jīngyàn 경험하다

フ 马 马 驴 验 验 验

| 拿
나
ná | 잡다, 가지다
· 拿来 nálai 가져오다
· 拿到 nádào 입수하다, 손에 넣다 | 丿 人 八 合 合 合 拿 拿 |

| 服
복
fú | 의복, 담당하다
· 服装 fúzhuāng 복장
· 服务 fúwù 일하다, 서비스(하다) | 丿 月 月 月 服 服 |

| 节
節·절
jié | 마디, 절약하다, 절기
· 节省 jiéshěng 절약하다
· 节日 jiérì 명절, 경축일 | 一 艹 节 节 |

| 树
樹·수
shù | 나무
· 树木 shùmù 나무
· 树林 shùlín 숲 | 一 十 木 朾 杧 杧 树 树 |

| 极
極·극
jí | 끝, 매우
· 北极 běijí 북극
· 好极了 hǎo jí le 매우 좋다 | 一 十 木 朾 极 极 |

| 精
정
jīng | 정밀하다, 정신
· 精密 jīngmì 정밀하다
· 精神 jīngshén 정신 | 丷 丬 半 米 米 料 精 精 |

| 静 靜·정 jìng | 고요하다, 조용하다
· 安静 ānjìng 조용하다
· 静肃 jìngsù 정숙하다 |

一 十 圭 主 青 青 青 青 静 静 静

| 净 淨·정 jìng | 깨끗하다
· 净水 jìngshuǐ 정수, 깨끗한 물
· 净化 jìnghuà 정화하다 |

冫 冫 冫 冫 冷 冷 净 净

| 传 傳·전 chuán, zhuàn | 전하다, 전기
· 传达 chuándá 전달하다
· 自传 zìzhuàn 자서전 |

丿 亻 亻 仁 传 传

| 备 備·비 bèi | 준비하다
· 准备 zhǔnbèi 준비하다
· 具备 jùbèi 구비하다 |

丿 ク 夂 夂 各 各 备 备

| 钱 錢·전 qián | 돈
· 金钱 jīnqián 금전, 돈
· 钱包 qiánbāo 지갑 |

钅 钅 钅 钅 钅 钱 钱 钱

| 德 덕·dé | 덕
· 道德 dàodé 도덕
· 德望 déwàng 덕망 |

彳 彳 彳 彳 德 德 德 德 德

漢字	뜻	筆順
参 參·참, 삼 cān, sān, shēn	참여하다, 셋, 삼의 총칭 · 参加 cānjiā 참가하다 · 人参 rénshēn 인삼	厶 厶 久 夆 参
似 사 sì	~와 같다 · 相似 xiāngsì 닮다, 비슷하다 · 类似 lèisì 유사하다	亻 仂 似 似
织 織·직 zhī	짜다, 엮다 · 组织 zǔzhī 조직(하다) · 织布 zhī bù 베를 짜다	纟 纟 纟 纟 织 织 织
集 집 jí	모으다, 문집 · 搜集 sōují 수집하다 · 全集 quánjí 전집	亻 亻 亻 隹 隹 隼 集
淡 담 dàn	열다, 희박하다, 냉담하다 · 淡薄 dànbó 희박하다, 담담하다 · 淡黄 dànhuáng 담황색	氵 氵 氵 沙 沙 沙 淡 淡 淡
谈 談·담 tán	말하다, 이야기하다 · 谈话 tánhuà 이야기하다 · 谈判 tánpàn 담판하다	讠 讠 讠 讠 谈 谈 谈 谈

积 積·적 jī
쌓(이)다, 모으다
- 累积 lěijī 누적되다
- 积极 jījí 적극적

一 二 千 禾 和 和 积 积

适 適·적 shì
적합하다, 알맞다
- 适应 shìyìng 적응하다
- 适用 shìyòng 적용하다

一 二 千 千 舌 舌 活 适 适

亚 亞·아 yà
제2의, 다음의, 아시아
- 亚洲 yàzhōu 아시아주
- 亚军 yàjūn 준우승

一 丁 тт тт 亚 亚

复 復·복,부, 複·복 fù
다시, 반복하다, 겹치다
- 反复 fǎnfù 반복하다
- 复杂 fùzá 복잡하다

丿 一 一 一 一 复 复

厂 廠·창 chǎng
공장
- 工厂 gōngchǎng 공장
- 厂长 chǎngzhǎng 공장장

一 厂

越 월 yuè
넘다, ~할수록, 베트남
- 超越 chāoyuè 초월하다
- 越南 Yuènán 베트남

土 キ キ 走 走 越 越 越

65

礼 (禮·례 lǐ)
예의, 인사, 선물
- 礼貌 lǐmào 예의
- 礼物 lǐwù 선물

필순: 丶 ㄱ ㄱ ㄥ 礼

历 (歷, 曆·력 lì)
겪다, 과거의, 역서
- 历史 lìshǐ 역사
- 月历 yuèlì 달력

필순: 一 厂 厂 历

胜 (勝·승 shèng)
이기다, 승리하다
- 胜利 shènglì 승리하다
- 胜败 shèngbài 승패

필순: 丿 月 月 刖 胪 胪 胖 胜

选 (選·선 xuǎn)
고르다, 선택하다
- 选择 xuǎnzé 선택하다
- 选举 xuǎnjǔ 선거하다

필순: 丿 ㄏ 生 生 先 先 先 选 选

视 (視·시 shì)
보다, 살피다
- 视力 shìlì 시력
- 电视 diànshì 텔레비전

필순: 丶 ㄱ ㄱ ㄥ 礼 初 视

整 (정 zhěng)
완전하다, 정리하다
- 整天 zhěngtiān 온종일
- 整理 zhěnglǐ 정리하다

필순: 一 口 束 束 束 敕 敕 整 整

한자	뜻	필순 및 쓰기
赢 赢·영 yíng	이기다 · 赢得 yíngdé 이기다 · 赢利 yínglì 이익, 이득	亠 亡 宁 宁 赢 赢 赢 赢
势 势·세 shì	세력, 상태, 정세 · 势力 shìlì 세력 · 权势 quánshì 권세	一 扌 扌 扌 执 执 势 势
笑 소 xiào	웃다, 웃음 · 笑容 xiàoróng 웃는 얼굴 · 笑话 xiàohua 우스운 이야기	⺮ ⺮ 竺 竺 竺 笑 笑
院 원 yuàn	집 · 医院 yīyuàn 병원 · 学院 xuéyuàn 대학	阝 阝 阝 阝 阝 院 院
球 구 qiú	공, 구형 · 足球 zúqiú 축구 · 地球 dìqiú 지구	二 千 王 王 玎 玎 球 球
祭 제 jì	제사 · 祭祀 jìsì 제사 · 祭文 jìwén 제문	勹 夕 夕 夕 癶 祭 祭

67

| 准 準·준 zhǔn | 허락하다, 표준
· 准备 zhǔnbèi 준비하다
· 标准 biāozhǔn 표준 | 冫 冫 冫 冫 准 准 准 |

| 影 영 yǐng | 그림자, 형상, 사진
· 电影 diànyǐng 영화
· 影响 yǐngxiǎng 영향 | 冂 日 昰 昙 톪 景 影 |

| 倒 도 dǎo, dào | 넘어지다, 반대로 되다
· 颠倒 diāndǎo 전도되다
· 倒数 dàoshǔ 뒤에서부터 세다 | 亻 亻 亻 佚 佟 侄 倒 倒 |

| 若 약 ruò | 같다, 만약
· 若干 ruògān 약간
· 若是 ruòshì 만약 ~ 이라면 | 一 卝 芢 荢 若 若 |

| 断 斷·단 duàn | 끊다, 자르다
· 切断 qiēduàn 자르다
· 断交 duànjiāo 단교하다 | 丷 丷 米 米 迷 断 断 断 |

| 速 速·속 sù | 빠르다, 속도
· 速度 sùdù 속도
· 高速 gāosù 고속 | 一 冂 冃 申 束 束 涑 速 |

| 菜 채 cài | 나물, 요리
· 中国菜 zhōngguócài 중국요리
· 泡菜 pàocài 김치 | 一 艹 艹 荽 荽 茇 菜 菜
菜 菜 菜 菜 菜 菜 菜 菜 |

| 离 離·리 lí | 떠나다, ~에서부터
· 离别 líbié 이별하다
· 离散 lísàn 이산, 흩어지다 | 丶 亠 亠 文 卤 离 离 离
离 离 离 离 离 离 离 离 |

| 县 縣·현 xiàn | 고을
· 郡县 jùnxiàn 군현
· 县城 xiànchéng 현정부 소재지 | 丨 冂 冃 且 县 县 县
县 县 县 县 县 县 县 县 |

| 写 寫·사 xiě | 쓰다
· 写字 xiězì 글자를 쓰다
· 写信 xiěxìn 편지를 쓰다 | 丶 冖 冖 写 写
写 写 写 写 写 写 写 写 |

| 丢 주 diū | 잃다
· 丢掉 diūdiào 잃다
· 丢人 diūrén 체면이 깎이다 | 一 二 千 壬 丢 丢
丢 丢 丢 丢 丢 丢 丢 丢 |

| 台 臺·대 tái | 단, 대, (기계·차량 등을 세는 양사)
· 柜台 guìtái 프론트
· 台湾 Táiwān 대만 | 厶 厶 台 台 台
台 台 台 台 台 台 台 台 |

한자	뜻	예시	필순
候 (후, hòu)	기다리다, 때, 증상	・时候 shíhou 때 ・气候 qìhòu 기후	亻 亻 伫 伫 伫 伫 候
感 (감, gǎn)	느끼다, 감사하다, 감기에 걸리다	・感动 gǎndòng 감동하다 ・感冒 gǎnmào 감기(에 걸리다)	一 厂 厂 斤 咸 咸 咸 感
确 (確·확, què)	확실하다	・正确 zhèngquè 정확하다 ・确认 quèrèn 확인하다	一 石 矿 矿 矿 砧 确 确
般 (반, bān)	일반의, 보통의	・一般 yìbān 일반적인 ・般般 bānbān 여러 가지의	´ 丿 几 月 舟 舟 舨 般
搬 (반, bān)	옮기다	・搬家 bānjiā 이사하다 ・搬运 bānyùn 운반하다	扌 扌 扪 扪 捐 捐 搬 搬
输 (輸·수, shū)	운송하다, 패하다	・输送 shūsòng 수송(하다) ・输赢 shūyíng 승패, 승부	一 七 车 车 轮 轮 输 输

① 빈칸을 채우면서 다시 한번 확인합시다.

	간체자	번체자	한어병음	뜻
1.		約		약속하다
2.		掃	sǎo	
3.	归	歸		
4.		節	jié	
5.	传			전하다, 전기
6.	钱			돈
7.		歷, 曆	lì	
8.		視	shì	
9.	准			허락하다, 표준
10.	写	寫		

② 한어병음과 뜻을 보고 그에 맞는 단어를 간체자로 써봅시다.

1. yīnggāi / 마땅히 ~해야 한다 _____
2. tiáoyuē / 조약 _____
3. zhuǎngào / 전달하다, 전하여 알리다 _____
4. yōngyǒu / 소유하다 _____
5. jīngyàn / 경험하다 _____
6. jiéshěng / 절약하다 _____
7. shùmù / 나무 _____
8. zhǔnbèi / 준비하다 _____
9. dànbó / 희박하다, 담담하다 _____
10. yàjūn / 준우승 _____
11. gōngchǎng / 공장 _____
12. shènglì / 승리하다 _____
13. xuǎnzé / 선택하다 _____
14. diànshì / TV _____
15. quánshì / 권세 _____
16. qiēduàn / 자르다 _____
17. sùdù / 속도 _____
18. líbié / 이별하다 _____
19. xiězì / 글자를 쓰다 _____
20. Táiwān / 대만 _____

盘 (盤·반) pán
쟁반, 자세히 검사하다
- 盘子 pánzi 쟁반
- 盘驳 pánbó 반박하다

笔顺: ノ ノ 丹 丹 舟 舟 盘 盘

害 (해) hài
해하다, 해치다
- 被害 bèihài 피해를 입다
- 灾害 zāihài 재해

笔顺: ヽ ㇇ 宀 宀 害 害 害 害

细 (細·세) xì
가늘다, 자세하다
- 细密 xìmì 세밀하다
- 细小 xìxiǎo 아주 작다, 사소하다

笔顺: 乡 纟 纟 纠 细 细 细

标 (標·표) biāo
끝, 표, 부호
- 目标 mùbiāo 목표
- 标志 biāozhì 지표, 상징

笔顺: 一 十 木 杧 杧 标 标

兴 (興·흥) xīng, xìng
일으키다, 성하다, 흥미, 취미
- 兴奋 xīngfèn 흥분하다
- 高兴 gāoxìng 즐겁다

笔顺: ヽ ㇒ ㇒ ㇒ 兴 兴 兴

钟 (鍾, 鐘·종) zhōng
집중하다, 종, 시계
- 钟情 zhōngqíng 사랑에 빠지다
- 钟表 zhōngbiǎo 시계의 총칭

笔顺: ノ 上 上 钅 钅 钊 钟

消	소실되다, 녹다	氵 氵 氵 氵 消 消
소 xiāo	· 消除 xiāochú 제거하다 · 消化 xiāohuà 소화하다	消 消 消 消 消 消 消 消

够	충분하다	⺈ ⺈ 句 句 勾 够 够 够
구 gòu	· 足够 zúgòu 충분하다 · 能够 nénggòu 능히 ~ 할 수 있다	够 够 够 够 够 够 够 够

飞  비 fēi	날다 · 飞机 fēijī 비행기 · 起飞 qǐfēi 날다	飞 飞 飞 飞 飞 飞 飞 飞 飞 飞 飞

紧  긴 jǐn	팽팽하다, 꼭 끼다, 급박하다 · 紧张 jǐnzhāng 긴장하다 · 要紧 yàojǐn 요긴하다	⺊ 「⺊ 坚 坚 坚 坚 紧 紧 紧 紧 紧 紧 紧 紧 紧

饭  飯·반 fàn	밥, 식사 · 早饭 zǎofàn 아침식사 · 饭店 fàndiàn 호텔	⺈ ⺈ ⺈ 饣 饣 饭 饭 饭 饭 饭 饭 饭 饭 饭 饭

破	깨지다, 파손되다	一 丆 石 石 石 矽 砂 破
파 pò	· 打破 dǎpò 깨다 · 破坏 pòhuài 파괴하다	破 破 破 破 破 破 破 破

热 熱·열 rè	열, 덥다, 데우다 · 热烈 rèliè 열렬하다 · 热闹 rènao 번화하다	一 † † † † 执 执 热

温 온 wēn	따뜻하다, 온도 · 温暖 wēnnuǎn 따뜻하(게 하)다 · 温度 wēndù 온도	氵 氵 沪 沪 沪 泹 温 温

喜 희 xǐ	좋아하다, 기뻐하다 · 喜欢 xǐhuān 좋아하다 · 喜悦 xǐyuè 기쁨	一 十 吉 吉 吉 壴 喜

冰 빙 bīng	얼음, 차게 하다 · 冰冷 bīnglěng 차디 차다 · 冰川 bīngchuān 빙하	冫 冫 冫 冰 冰

凉 량 liáng	서늘하다, 신선하다 · 凉快 liángkuai 서늘하다 · 凉台 liángtái 베란다, 테라스	冫 冫 冫 冫 凉 凉 凉 凉

游 유 yóu	수영하다, 놀다 · 游泳 yóuyǒng 수영하다 · 游览 yóulǎn 유람하다	氵 氵 氵 汙 汸 斿 斿 游 游

한자	뜻	필순
顶 (頂·정) dǐng	정상, 꼭대기 · 山顶 shāndǐng 산꼭대기 · 顶点 dǐngdiǎn 정점, 꼭대기	一 丁 丁 丁 顶 顶 顶
双 (雙·쌍) shuāng	둘, 쌍 · 双人房 shuāngrénfáng 2인실 · 双胞胎 shuāngbāotāi 쌍둥이	又 双 双
赛 (賽·새) sài	경기(하다) · 比赛 bǐsài 경기하다 · 赛马 sàimǎ 경마	宀 宁 宇 寒 寒 赛 赛
杂 (雜·잡) zá	잡다하다, 뒤섞이다 · 杂志 zázhì 잡지 · 杂音 záyīn 잡음	丿 九 杂 杂 杂
证 (證·증) zhèng	증명하다, 증거 · 证明 zhèngmíng 증명하다 · 证书 zhèngshū 증서	丶 讠 讠 证 证 证 证
族 (족) zú	가족, 종족 · 家族 jiāzú 가족 · 民族 mínzú 민족	丶 亠 方 方 方 㐰 族 族

한자	뜻/음	필순
酸 (산, suān)	시다 · 酸味 suānwèi 신맛 · 酸牛奶 suānniúnǎi 요구르트	厂 丆 酉 酉 酐 酐 酐 酸 酸
甜 (첨, tián)	달다 · 甜味 tiánwèi 단맛 · 甜蜜 tiánmì 아주 달다	一 二 千 舌 刮 刮 甜 甜
辣 (랄, là)	맵다 · 辣味 làwèi 매운맛 · 辣椒 làjiāo 고추	亠 立 产 辛 辛 辢 辢 辣
始 (시, shǐ)	시작하다, 시작 · 开始 kāishǐ 시작하다 · 始终 shǐzhōng 시종, 한결같이	〈 女 女 女' 女' 始 始 始
念 (념, niàn)	생각하다, 읽다 · 想念 xiǎngniàn 그리워하다 · 念书 niànshū 책을 읽다, 공부하다	丿 人 入 今 今 念 念 念
助 (조, zhù)	돕다 · 助力 zhùlì 도와주다 · 补助 bǔzhù 보조하다	丨 冂 月 且 助 助

容 용 róng — (얼굴의) 표정, (사물의) 상태, 포함하다
- 形容 xíngróng 형용하다
- 容易 róngyì 쉽다

`丶 宀 宀 宀 宀 容 容 容`

匙 시 chí, shi — 숟가락
- 茶匙 cháchí 차 스푼
- 钥匙 yàoshi 열쇠

`日 旦 旦 旱 昇 是 是 匙`

落 락 luò, là — 떨어지다, 내리다, 빠뜨리다
- 丢三落四 diū sān là sì 이것 저것 빠뜨리다

`一 艹 艹 艹 苁 茨 落 落`

项 項·항 xiàng — 항목
- 项目 xiàngmù 항목
- 事项 shìxiàng 사항

`一 T 工 гр гп 邛 项 项`

送 送·송 sòng — 보내다
- 送人 sòngrén 배웅하다
- 送信 sòngxìn 편지를 보내다

`丶 丷 䒑 䒑 关 关 送 送`

爬 파 pá — 기다, 기어오르다
- 爬山 páshān 등산하다
- 爬墙 páqiáng 도망치다

`一 厂 爪 爪 爬 爬 爬`

| 船 선 chuán | 배
· 货船 huòchuán 화물선
· 船舶 chuánbó 선박 | ノ ｲ ｊ ｊ 舟 舟 舟 船 船
船 船 船 船 船 船 船 船 |

| 罢 罷·파 bà | 그만 두다, 파면하다
· 罢工 bàgōng 파업하다
· 罢免 bàmiǎn 파면하다 | 丨 冂 冂 罒 罒 甲 罒 罢
罢 罢 罢 罢 罢 罢 罢 罢 |

| 鱼 魚·어 yú | 물고기
· 生鱼片 shēngyúpiàn 생선회
· 带鱼 dàiyú 갈치 | ノ ⺈ ⺈ 鱼 鱼 鱼 鱼 鱼
鱼 鱼 鱼 鱼 鱼 鱼 鱼 鱼 |

| 渔 漁·어 yú | 물고기를 잡다
· 渔民 yúmín 어민
· 渔船 yúchuán 어선 | 氵 氵 氵 沪 泊 渔 渔 渔
渔 渔 渔 渔 渔 渔 渔 渔 |

| 虽 雖·수 suī | 비록
· 虽然 suīrán 비록 ~ 일지라도 | 丨 冂 冂 尸 吕 吕 虽 虽
虽 虽 虽 虽 虽 虽 虽 虽 |

| 试 試·시 shì | 시험(하다)
· 考试 kǎoshì 시험보다
· 口考 kǒushì 구술 시험 | 丶 讠 讠 讠 讠 讠 试 试
试 试 试 试 试 试 试 试 |

怕 파 pà
두렵다, 아마 ~일 것이다
- 害怕 hàipà 무섭다
- 恐怕 kǒngpà 아마도

丶丶忄忄忄怕怕怕

谢 謝·사 xiè
감사하다, 사절하다
- 感谢 gǎnxiè 감사하다
- 谢绝 xièjué 사절하다

讠讠讠讠讠讠谢谢谢

养 養·양 yǎng
부양하다, 기르다
- 养育 yǎngyù 기르다
- 养成 yǎngchéng 양성하다

丶丷丷关关养养养

满 滿·만 mǎn
가득하다
- 充满 chōngmǎn 가득차다
- 满口 mǎnkǒu 한 입 가득

氵氵氵氵满满满满

防 방 fáng
막다, 지키다
- 防卫 fángwèi 방위하다
- 防备 fángbèi 대비하다

阝阝阝阝防防

伤 傷·상 shāng
상처, 다치다
- 伤害 shānghài 손상시키다, 해치다
- 伤心 shāngxīn 상심하다, 슬퍼하다

丿亻亻仁伤伤

修 수 xiū	수리하다, 건설하다, 배우다 · 修理 xiūlǐ 수리하다 · 修养 xiūyǎng 수양하다	ノ 亻 亻 亻 修 修 修

医 醫·의 yī	의사, 의학 · 医生 yīshēng 의사 · 医疗 yīliáo 의료	一 匚 匚 匚 医 医 医

职 職·직 zhí	직무, 직업 · 职业 zhíyè 직업 · 职员 zhíyuán 직원	一 丆 耳 耳 耶 职 职

希 희 xī	바라다, 드물다 · 希望 xīwàng 희망하다 · 希罕 xīhan 희한하다	ノ ㄨ 亠 乊 孚 希 希

查 사 chá	조사하다 · 调查 diàochá 조사하다 · 检查 jiǎnchá 검사하다	一 十 木 木 杳 查 查

村 촌 cūn	마을 · 农村 nóngcūn 농촌 · 村庄 cūnzhuāng 마을	一 十 木 朩 村 村

段 단 duàn — 조각, 단락, 단계
- 阶段 jiēduàn 단계, 계단
- 段落 duànluò 단락

丿 丆 F 歺 旨 斦 段 段

随 隨·수 suí — 따르다
- 随着 suízhe ~에 따라서
- 随时 suíshí 수시로, 언제나

了 阝 阝ˊ 阠 阵 随 随 随

费 費·비 fèi — 비용, 쓰다
- 费用 fèiyòng 비용
- 浪费 làngfèi 낭비하다

一 二 弓 夛 弗 弗 费 费

饿 餓·아 è — 배고프다
- 饿死 èsǐ 굶어 죽다

怒 노 nù — 성내다, 화내다
- 怒气 nùqì 노기
- 发怒 fānù 노하다

乀 夊 女 女ˊ 奴 怒 怒

哀 애 āi — 슬프다
- 悲哀 bēi'āi 슬픔
- 哀悼 āidào 애도하다

、 亠 宀 宁 帍 亨 哀

한자	뜻	필순
乐 (樂·락) lè, yuè	기쁘다, 음악 · 快乐 kuàilè 즐겁다 · 音乐 yīnyuè 음악	一 厂 斤 乐 乐
续 (續·속) xù	계속하다 · 继续 jìxù 계속하다 · 连续 liánxù 연속하다	乙 纟 纟 纩 纩 纩 绮 续 续
坏 (壞·괴) huài	나쁘다, 고장나다 · 坏人 huàirén 나쁜 사람 · 坏事 huàishì 나쁜 일	一 十 土 士 圹 坏 坏
买 (買·매) mǎi	사다 · 买卖 mǎimài 매매하다, 장사 · 买方 mǎifāng 사는 측, 구매자	一 乛 乛 买 买 买
卖 (賣·매) mài	팔다 · 卖票 màipiào 표를 팔다 · 卖方 màifāng 파는 측, 판매자	一 十 士 吉 吉 赤 卖 卖
床 (상) chuáng	침상 · 起床 qǐchuáng 일어나다 · 床单 chuángdān 침대시트	丶 亠 广 庁 庄 床 床

① 빈칸을 채우면서 다시 한번 확인합시다.

	간체자	번체자	한어병음	뜻
1.	细			가늘다, 자세하다
2.		興	xīng, xìng	
3.	飞	飛		
4.	热			열, 덥다, 데우다
5.		雜	zá	
6.	项			항목
7.		魚	yú	
8.		雖		비록
9.		醫		의사, 의학
10.		樂		기쁘다, 음악

② 한어병음과 뜻을 보고 그에 맞는 단어를 간체자로 써봅시다.

1. zhōngqíng / 사랑에 빠지다 _____   2. zǎofàn / 아침식사 _____
3. shāndǐng / 산꼭대기 _____   4. shuāngbāotāi / 쌍둥이 _____
5. bǐsài / 경기하다 _____   6. zhèngshū / 증서 _____
7. sòngrén / 배웅하다 _____   8. yúmín / 어민 _____
9. kǎoshì / 시험보다 _____   10. gǎnxiè / 감사하다 _____
11. yǎngyù / 기르다 _____   12. zhíyè / 직업 _____
13. diàochá / 조사하다 _____   14. suízhe / ~에 따라서 _____
15. èsǐ / 굶어 죽다 _____   16. jìxù / 계속하다 _____
17. huàirén / 나쁜 사람 _____   18. mǎimài / 매매하다, 장사 _____
19. mài piào / 표를 팔다 _____   20. chuángdān / 침대시트 _____

投
투 tóu

던지다, 참가하다

- 投票 tóupiào 투표하다
- 投入 tóurù 투입하다

一 十 扌 扌 扒 投 投

欢
歡·환 huān

기쁘다

- 喜欢 xǐhuān 좋아하다
- 欢迎 huānyíng 환영하다

フ 又 ヌ´ 次 欢 欢

围
圍·위 wéi

둘러싸다, 주위

- 包围 bāowéi 포위하다
- 周围 zhōuwéi 주위

丨 冂 冂 冃 肙 禺 围 围

伟
偉·위 wěi

위대하다, 훌륭하다

- 伟大 wěidà 위대하다
- 伟人 wěirén 위인

丿 亻 亻 仁 伟 伟

卫
衛·위 wèi

지키다

- 防卫 fángwèi 방위(하다)
- 卫生 wèishēng 위생적이다

フ 卫 卫

层
層·층 céng

층, 계급

- 层次 céngcì 내용의 순서
- 阶层 jiēcéng 계층

フ ー 尸 尸 尸 层 层

84

创 創·창 chuàng	시작하다, 처음으로 ~하다 · 创造 chuàngzào 창조하다 · 创作 chuàngzuò 창작하다	ノ ハ 夕 仓 伧 创 创

划 劃·획 huà	나누다, 계획하다 · 计划 jìhuà 계획하다 · 划定 huàdìng 확정하다	一 七 戈 戈 划 划

阳 陽·양 yáng	양, 태양 · 阳光 yángguāng 햇빛 · 太阳 tàiyáng 태양	了 阝 阳 阳 阳 阳

阴 陰·음 yīn	음, 어둡다, 그늘 · 阴暗 yīn'àn 어둡다 · 阴天 yīntiān 흐린 날씨	了 阝 阴 阴 阴 阴

岁 歲·세 suì	나이, 세월 · 岁数 suìshù 나이 · 岁月 suìyuè 세월	丨 山 屮 岁 岁 岁

效 효 xiào	효과, 애쓰다 · 效果 xiàoguǒ 효과 · 效力 xiàolì 효력	丶 亠 六 方 交 玅 㚵 效

85

响	소리, 울리다	丨 冂 冋 冋' 叼 叼 响
響·향 xiǎng	· 音响 yīnxiǎng 음향 · 响应 xiǎngyìng 호응하다	响 响 响 响 响 响 响 响

尽	될 수 있는 대로, 다하다	一 コ 尸 尺 尽 尽
儘, 盡·진 jǐn, jìn	· 尽快 jǐnkuài 되도록 빨리 · 尽量 jǐnliàng 양껏 하다	尽 尽 尽 尽 尽 尽 尽 尽

跑	달리다, 뛰다	口 口 口 口 足 趵 趵 跑
포 pǎo	· 跑步 pǎobù 달리기 · 跑车 pǎochē 경주용 자동차	跑 跑 跑 跑 跑 跑 跑 跑

律	규율	彳 彳 彳 彳 律 律
률 lǜ	· 法律 fǎlǜ 법률 · 律师 lǜshī 변호사	律 律 律 律 律 律 律

妈	어머니	乚 乚 女 妈 妈 妈
媽·마 mā	· 妈妈 māma 엄마 · 姑妈 gūmā 고모	妈 妈 妈 妈 妈 妈 妈 妈

爸	아버지	丿 八 父 父 爷 爷 爸 爸
파 bà	· 爸爸 bàba 아빠	爸 爸 爸 爸 爸 爸 爸 爸

| 护 護·호 hù | 보호하다
· 保护 bǎohù 보호하다
· 护士 hùshi 간호사 | 一 扌 扌 扩 护 护 护 |

| 福 福·복 fú | 복, 행복
· 幸福 xìngfú 행복(하다)
· 祝福 zhùfú 축복(하다) | 丶 ｉ ｊ ｆ ｆ ｆ ｆ ｆ 福 福 |

| 富 부 fù | 부유하다
· 富贵 fùguì 부귀
· 丰富 fēngfù 풍부하다, 많다 | 丶 丷 宀 宀 宁 宫 宫 富 富 |

| 丰 豐·풍 fēng | 풍부하다
· 丰满 fēngmǎn 풍족하다
· 丰收 fēngshōu 풍작 | 一 二 三 丰 |

| 留 류 liú | 머무르다, 남겨두다
· 留言 liúyán 메모
· 留学 liúxué 유학하다 | ´ ｒ ｒ ｒ 卯 留 留 留 |

| 让 讓·양 ràng | 양보하다, ~에게 ~하게하다
· 让步 ràngbù 양보하다
· 让开 ràngkāi 길을 내주다(비키다) | 丶 讠 让 让 让 |

敌 (敵·적) dí
적
- 敌人 dírén 적
- 敌军 díjūn 적군

획순: 一 二 千 舌 舌 舌 敌 敌

贼 (賊·적) zéi
도둑
- 盗贼 dàozéi 도적
- 贼船 zéichuán 해적선

획순: 冂 贝 贝 贮 贼 贼 贼 贼

供 (공) gōng, gòng
공급하다, 자백하다
- 供给 gōngjǐ 공급하다
- 供认 gòngrèn 자백하다

획순: 丿 亻 仁 什 仕 供 供 供

乱 (亂·란) luàn
어지럽다, 함부로
- 混乱 hùnluàn 혼란하다
- 乱说 luànshuō 함부로 지껄이다

획순: 一 二 千 舌 舌 舌 乱

维 (維·유) wéi
보존하다, 유지하다
- 维持 wéichí 유지하다
- 维护 wéihù 지키다

획순: 乚 乚 乚 纠 纠 纤 维 维 维

唯 (유) wéi
다만, 오직
- 唯一 wéiyī 유일하다
- 唯心论 wéixīnlùn 유심론

획순: 丨 冂 口 叮 叮 吽 唯 唯

值 zhí (値·치)
가치, ~할 가치가 있다
- 价值 jiàzhí 가치
- 值得 zhíde ~할 만한 가치가 있다

획순: 亻 亻 亻 亻 值 值 值

置 zhì (置·치)
놓다, 설치하다
- 位置 wèizhi 위치
- 设置 shèzhì 설치하다

획순: 罒 罒 罒 罒 置 置 置

饥 jī (飢, 饑·기)
굶주리다
- 饥饿 jī'è 굶주림, 배가 고프다
- 饥荒 jīhuang 기근

획순: 丿 仁 仨 钉 饥

急 jí (급)
서두르다, 급하다
- 紧急 jǐnjí 긴급하다
- 急事 jíshì 급한 일

획순: 丿 夕 刍 刍 刍 急 急

缓 huǎn (緩·완)
느리다
- 缓慢 huǎnmàn 느리다
- 缓和 huǎnhé 완화하다

획순: 纟 纩 纩 纩 纩 缓 缓 缓

答 dá (답)
보답하다, 답례하다
- 回答 huídá 대답하다
- 答案 dá'àn 해답, 답안

획순: 𠂉 𠂉 竹 竺 筊 筊 筊 答

继 繼·계 jì
계속하다
- 继承 jìchéng 계승하다
- 继母 jìmǔ 계모

丝 纟 纟' 纟" 绊 绊 继 继

严 嚴·엄 yán
엄하다
- 严格 yángé 엄격하다
- 严重 yánzhòng 심각하다

一 丅 丌 亚 严 严 严

轮 輪·륜 lún
바퀴, 차례가 되다
- 车轮 chēlún 차바퀴
- 轮流 lúnliú 돌아가며 하다

一 ナ 左 车 车' 轮 轮 轮

恭 공 gōng
공손하다, 축하하다
- 恭敬 gōngjìng 공경하다
- 恭喜 gōngxǐ 축하하다

一 艹 丑 共 恭 恭 恭

戏 戲·희 xì
놀이, 연극
- 游戏 yóuxì 유희, 레크레이션
- 戏剧 xìjù 극, 연극

フ ヌ 又' 戏 戏 戏

款 관 kuǎn
조항, 돈
- 款式 kuǎnshì 격식, 양식
- 条款 tiáokuǎn 조목

一 十 土 吉 亨 素 款 款

叶 (葉·엽) yè
잎
- 树叶 shùyè 나뭇잎
- 红叶 hóngyè 단풍

丨 口 日 叶 叶

脏 (髒, 臟·장) zāng, zàng
더럽다, 내장
- 脏水 zāngshuǐ 더러운 물, 하수
- 脏器 zàngqì 장기, 내장의 여러 기관

丿 几 月 月` 月⁺ 肝 胪 脏 脏

扬 (揚·양) yáng
높이 들다, 휘날리다
- 扬名 yángmíng 이름을 날리다
- 扬气 yángqi 거만하다

一 十 扌 扌⁺ 扬 扬

杨 (楊·양) yáng
버드나무
- 杨柳 yángliǔ 버드나무
- 水杨 shuǐyáng 수양버들

一 十 木 杧 杨 杨

药 (藥·약) yào
약
- 药店 yàodiàn 약국
- 药方 yàofāng 처방전

一 艹 艹⁺ 艹⁺ 艹⁺ 艹⁺ 药 药

轻 (輕·경) qīng
가볍다
- 轻量 qīngliàng 경량
- 轻松 qīngsōng 가뿐하다

一 艹 艹 车 轫 轻 轻 轻

| 错 錯·착 cuò | 틀리다, 맞지 않다
· 错误 cuòwù 실수
· 错过 cuòguò 놓치다 | ノ ヒ ロ 钅 钅 钅 针 钳 错 错
错 错 错 错 错 错 错 错 |

| 伪 僞·위 wěi | 거짓의
· 伪币 wěibì 위조지폐
· 伪证 wěizhèng 위증 | ノ 亻 亻 伪 伪 伪
伪 伪 伪 伪 伪 伪 伪 伪 |

| 责 責·책 zé | 책임, 요구하다, 꾸짖다
· 责任 zérèn 책임
· 负责 fùzé 책임지다 | 一 十 主 丰 责 责 责 责
责 责 责 责 责 责 责 责 |

| 营 營·영 yíng | 경영하다
· 经营 jīngyíng 경영하다
· 营业 yíngyè 영업하다 | 一 艹 艹 艹 艹 营 营 营
营 营 营 营 营 营 营 营 |

| 监 監·감 jiān | 감독하다, 감시하다
· 监督 jiāndū 감독하다
· 监狱 jiānyù 감옥 | 丨 ㅣ ル 此 些 监 监 监
监 监 监 监 监 监 监 监 |

| 称 稱·칭 chēng, chèn | 부르다, 적합하다
· 称呼 chēnghu 부르다, 호칭
· 称心 chènxīn 마음에 들다, 만족하다 | 一 二 千 禾 禾 称 称 称 称
称 称 称 称 称 称 称 称 |

잊다

- 忘记 wàngjì
  잊다
- 忘不了 wàng bu liǎo
  잊을 수 없다

망
wàng

`、 亠 亡 产 忘 忘 忘`

길

- 大街 dàjiē
  큰길
- 逛街 guàngjiē
  거리를 거닐다

가
jiē

`彳 彳 彳 彳 往 往 街 街`

노래

- 歌曲 gēqǔ
  노래
- 歌手 gēshǒu
  가수

가
gē

`一 丁 可 哥 哥 歌 歌 歌`

시집가다

- 出嫁 chūjià
  출가하다
- 嫁人 jià rén
  시집가다

가
jià

`女 女 女 女 女 嫁 嫁 嫁 嫁`

누각, 내각(內閣)의 약칭

- 楼阁 lóugé
  누각
- 阁下 géxià
  각하

閣·각
gé

`、 丆 门 门 闩 闫 阁`

간단하다

- 简单 jiǎndān
  간단하다
- 简体字 jiǎntǐzì
  간체자

簡·간
jiǎn

`ノ 𥫗 𥫗 𥫗 竹 简 简 简`

93

肝 간 gān
- 牛肝 niúgān 소간
- 肝炎 gānyán 간염

书写顺序: 丿 刀 月 刖 肝 肝

竿 간 gān
막대, 장대
- 竹竿 zhúgān 대나무 장대
- 钓鱼竿 diàoyúgān 낚싯대

书写顺序: 𥫗 竹 竿 竿 竿 竿

渴 갈 kě
목마르다, 간절하다
- 口渴 kǒukě 목마르다
- 渴望 kěwàng 갈망하다

书写顺序: 氵 氵 沪 沪 渇 渴 渴

闲 (閑) 한 xián
한가하다, 여가, 관계없다
- 闲话 xiánhuà 한담, 잡담
- 闲事 xiánshì 남의 일

书写顺序: 丶 丨 门 闩 闲 闲 闲

险 (險) 험 xiǎn
위험하다
- 危险 wēixiǎn 위험하다
- 险恶 xiǎn'è 위태롭다

书写顺序: 阝 阝 阝 阶 险 险

敢 감 gǎn
용감하다, 감히
- 敢当 gǎndāng 감당하다
- 勇敢 yǒnggǎn 용감하다

书写顺序: 一 丆 千 千 耳 耳 甙 敢

① 빈칸을 채우면서 다시 한번 확인합시다.

	간체자	번체자	한어병음	뜻
1.		衛		지키다
2.	阳			양, 태양
3.	响	響		
4.		讓	ràng	
5.	乱			어지럽다, 함부로
6.	值	値		
7.		戲	xì	
8.		藥	yào	
9.	称	稱	chēng, chèn	
10.	险			위험하다

② 한어병음과 뜻을 보고 그에 맞는 단어를 간체자로 써봅시다.

1. xǐhuān / 좋아하다 _____
2. zhōuwéi / 주위 _____
3. chuàngzào / 창조하다 _____
4. yīn'àn / 어둡다 _____
5. jǐnkuài / 되도록 빨리 _____
6. māma / 엄마 _____
7. hùshi / 간호사 _____
8. fēngmǎn / 풍부하다 _____
9. dírén / 적 _____
10. dàozéi / 도적 _____
11. wéichí / 유지하다 _____
12. wèizhi / 위치 _____
13. yángé / 엄격하다 _____
14. hóngyè / 단풍 _____
15. yángliǔ / 버드나무 _____
16. yàodiàn / 약국 _____
17. zérèn / 책임 _____
18. yíngyè / 영업하다 _____
19. jiǎntǐzì / 간체자 _____
20. yǒnggǎn / 용감하다 _____

康 강 kāng
건강하다, 평안하다
- 健康 jiànkāng 건강하다
- 康复 kāngfù 건강을 회복하다

필순: 丶 亠 广 户 庐 庚 庚 康 康

钢 (鋼) 강 gāng
강철
- 钢铁 gāngtiě 강철
- 钢笔 gāngbǐ 만년필

필순: 丿 𠂉 钅 钅 钔 钢 钢 钢

刚 (剛) 강 gāng
막, 꼭
- 刚才 gāngcái 방금
- 刚好 gānghǎo 꼭 알맞다

필순: 丨 冂 冈 冈 刚 刚

拒 거 jù
막다, 저항하다
- 拒绝 jùjué 거절하다
- 抗拒 kàngjù 항거하다

필순: 一 扌 扌 扩 扞 拒 拒

肩 견 jiān
어깨, 부담하다
- 肩膀 jiānbǎng 어깨
- 肩负 jiānfù 짊어지다

필순: 丶 亠 户 户 户 肩 肩 肩

洁 (潔) 결 jié
깨끗하다, 청결하다
- 清洁 qīngjié 청결하다
- 洁白 jiébái 새하얗다, 결백하다

필순: 氵 汁 汁 泸 洁 洁 洁

庆 (慶·경 qìng) — 경사
- 庆祝 qìngzhù 경축하다
- 国庆节 guóqìngjié (중국의) 건국기념일

획순: 丶 亠 广 庄 庆 庆

敬 (경 jìng) — 공경하다
- 恭敬 gōngjìng 공경하다
- 尊敬 zūnjìng 존경하다

획순: 艹 艹 芍 苟 苟 苟 敬 敬

镜 (鏡·경 jìng) — 거울
- 眼镜 yǎnjìng 안경
- 镜子 jìngzi 거울

획순: 钅 钅 钅 钅 铲 铲 镜 镜

竞 (競·경 jìng) — 경쟁하다
- 竞争 jìngzhēng 경쟁하다
- 竞赛 jìngsài 경기

획순: 丶 亠 立 产 产 音 音 竞

惊 (驚·경 jīng) — 놀라다
- 惊讶 jīngyà 놀라다
- 惊醒 jīngxǐng 놀라서 깨다

획순: 丶 丷 忄 忄 忄 忄 惊 惊 惊

库 (庫·고 kù) — 창고
- 仓库 cāngkù 창고
- 库存 kùcún 재고

획순: 丶 亠 广 广 庄 庄 库

靠
고 kào

기대다, 가까이하다

- 依靠 yīkào 의지하다
- 靠近 kàojìn 가까이 가다

丶 宀 屮 产 告 告 靠 靠 靠

考
고 kǎo

시험을 치다, 연구하다

- 考试 kǎoshì 시험
- 考虑 kǎolǜ 고려하다

一 十 土 耂 考 考

烤
고 kǎo

굽다

- 烤肉 kǎoròu 불고기
- 烤鸭 kǎoyā 오리구이

丶 丷 少 火 灶 烂 烤 烤

闹
閙·뇨 nào

소란스럽다

- 热闹 rènao 떠들썩하다
- 闹口 nàokǒu 말다툼하다

丶 亠 门 门 闩 闹 闹 闹

步
보 bù

걸음, 단계

- 脚步 jiǎobù 걸음걸이
- 步兵 bùbīng 보병

丨 丄 止 止 牛 步 步

孔
공 kǒng

구멍, 공자

- 打孔 dǎ kǒng 구멍을 뚫다
- 孔子 Kǒngzǐ 공자

乛 了 子 孔

锅
鍋·과
guō

솥
- 火锅 huǒguō 샤브샤브 요리
- 锅巴 guōbā 누룽지

丿 𠂉 乍 钅 钌 钌 锅 锅

惯
惯·관
guàn

습관이 되다, 익숙해지다
- 习惯 xíguàn 습관
- 惯用 guànyòng 관용

丶 丷 忄 忄 忄 忄 忄 惯 惯

冠
관
guān, guàn

관, 모자, 관·모자를 쓰다, 우승하다
- 金冠 jīnguān 금관
- 冠军 guànjūn 우승, 일등

丶 冖 冖 冖 冗 冠 冠 冠

怪
괴
guài

괴상하다, 이상하게 여기다
- 奇怪 qíguài 이상하다
- 怪声 guàishēng 괴상한 소리

丶 丷 忄 忄 忄 怪 怪 怪

巧
교
qiǎo

재주(가 있다), 공교롭다, 기교
- 技巧 jìqiǎo 기교
- 巧妙 qiǎomiào 교묘하다

一 丅 工 㠪 巧

检
檢·검
jiǎn

검사하다, 조사하다
- 检查 jiǎnchá 검사하다
- 检票 jiǎnpiào 검표하다

一 十 十 木 朩 松 松 检 检

桥 橋·교 qiáo	다리 · 大桥 dàqiáo 대교 · 桥梁 qiáoliáng 교량	一 十 木 朾 析 析 桥 桥 桥

侨 僑·교 qiáo	국외에 거주하다, 교포 · 侨胞 qiáobāo 교포 · 华侨 huáqiáo 화교	亻 亻 仁 仁 伒 侨 侨

饺 餃·교 jiǎo	만두 · 饺子 jiǎozi 만두 · 水饺 shuǐjiǎo 물만두	丿 𠂊 饣 饣 饣 饺 饺 饺

尊 존 zūn	존경하다 · 尊称 zūnchēng 존칭하다 · 尊重 zūnzhòng 존중하다	丷 䒑 酋 酋 酋 尊 尊

龟 龜·구, 귀 guī	거북이 · 乌龟 wūguī 거북이 · 龟甲 guījiǎ 귀갑	丿 𠂊 亇 甶 乌 龟

宫 宮·궁 gōng	궁전 · 宫殿 gōngdiàn 궁전 · 皇宫 huánggōng 황궁	丶 丷 宀 宁 宁 宫 宫 宫

| 录 錄·록 lù | 기록하다, 베끼다
· 录音 lùyīn 녹음(하다)
· 录像 lùxiàng 녹화(하다) | 一 ¬ ㅋ ㅋ 긐 录 录 |

| 均 균 jūn | 고르다, 균일하다
· 平均 píngjūn 평균
· 均衡 jūnhéng 균형 | 一 十 土 圵 均 均 均 |

| 厕 厠·측 cè | 화장실
· 厕所 cèsuǒ 화장실
· 公厕 gōngcè 공중 화장실 | 一 厂 厅 厕 厕 |

| 禁 금 jìn | 금하다
· 禁止 jìnzhǐ 금지하다
· 禁严 jìnyán 엄금하다 | 一 十 木 林 埜 禁 禁 禁 |

| 锦 錦·금 jǐn | 비단
· 锦标 jǐnbiāo 우승패
· 锦旗 jǐnqí 우승기 | ㄅ ㅌ 钅 钅 钅 钾 钾 锦 锦 |

| 寄 기 jì | 부치다, 맡기다
· 寄信 jì xìn 편지를 부치다
· 寄存 jìcún 보관시키다, 맡겨 두다 | 丶 宀 宁 宇 宇 宝 寄 寄 |

한자	뜻	획순
骑 (騎·기) qí	타다 · 骑马 qí mǎ 말을 타다 · 骑兵 qíbīng 기병	丿 马 马 马 驴 骑 骑 骑
棋 기 qí	바둑, 장기 · 下棋 xià qí 바둑을 두다 · 围棋 wéiqí 바둑	一 十 木 木 柑 柑 棋 棋
裸 라 luǒ	벌거벗다, 드러내다 · 裸体 luǒtǐ 나체 · 裸身 luǒshēn 알몸	丶 冫 衤 衤 衤 袒 袒 裸 裸
蛋 단 dàn	알 · 鸡蛋 jīdàn 달걀 · 蛋糕 dàngāo 케이크, 카스테라	一 丆 疋 疋 蛋 蛋 蛋 蛋
译 (譯·역) yì	번역하다 · 翻译 fānyì 번역하다 · 译者 yìzhě 번역자	丶 讠 讠 泽 泽 译 译
逃 (逃·도) táo	도망치다, 달아나다 · 逃亡 táowáng 도망치다 · 逃走 táozǒu 도주하다	丿 刂 兆 兆 逃 逃 逃

误	틀리다, 잘못되다	丶 讠 讠 讠 诮 误 误 误							
誤·오 wù	· 错误 cuòwù 실수, 잘못 · 误差 wùchā 오차	误	误	误	误	误	误	误	误

岛	섬	丿 ´ ´ 鸟 鸟 岛 岛							
島·도 dǎo	· 半岛 bàndǎo 반도 · 岛国 dǎoguó 섬나라	岛	岛	岛	岛	岛	岛	岛	岛

盗	훔치다, 도둑	丶 冫 冫 次 次 咨 盗 盗							
盜·도 dào	· 盗贼 dàozéi 도적 · 强盗 qiángdào 강도	盗	盗	盗	盗	盗	盗	盗	盗

独	홀로, 혼자	丿 犭 犭 犭 犭 独 独							
獨·독 dú	· 独特 dútè 독특하다 · 孤独 gūdú 고독하다	独	独	独	独	独	独	独	独

冻	얼다, 차다	冫 冫 广 冻 冻 冻							
凍·동 dòng	· 冷冻 lěngdòng 냉동 · 冻结 dòngjié 얼다	冻	冻	冻	冻	冻	冻	冻	冻

灯	등불, 등	丶 丷 丷 火 灯 灯							
燈·등 dēng	· 电灯 diàndēng 전등 · 关灯 guān dēng 등을 끄다	灯	灯	灯	灯	灯	灯	灯	灯

한자	뜻	필순
兰 蘭·란 lán	난초 · 兰花 lánhuā 난초 · 木兰 mùlán 목란	丶 丷 兰 兰
陆 陸·륙 lù, liù	육지, 六의 갖은자 · 大陆 dàlù 대륙 · 陆地 lùdì 육지	了 阝 阝 阡 阡 陆 陆
谅 諒·량 liàng	허락하다, 용서하다 · 谅解 liàngjiě 양해하다 · 原谅 yuánliàng 용서하다	丶 讠 讠 讠 讠 谅 谅 谅
补 補·보 bǔ	깁다, 보충하다 · 补习 bǔxí 보충 수업하다 · 补充 bǔchōng 보충(하다)	丶 丶 ⺍ 礻 礻 补 补
粮 糧·량 liáng	양식 · 粮食 liángshi 양식 · 杂粮 záliáng 잡곡	丶 丷 半 米 米 米 粘 粮 粮
丽 麗·려 lì	아름답다, 예쁘다 · 美丽 měilì 아름답다 · 秀丽 xiùlì 수려하다	一 丆 ñ 丽 丽 丽 丽

한자	뜻	필순
 灭 滅·멸 miè	끄다, 소멸하다 · 灭火机 mièhuǒjī 소화기 · 灭亡 mièwáng 멸망하다	一 厂 厂 灭 灭
 泪 淚·루 lèi	눈물 · 眼泪 yǎnlèi 눈물 · 泪痕 lèihén 눈물 흔적	氵 氵 汩 汩 泪
 恋 戀·련 liàn	사랑하다, 연애(하다) · 恋爱 liàn'ài 사랑하다 · 谈恋爱 tán liàn'ài 연애하다	丶 亠 亦 恋 恋 恋
态 態·태 tài	태도, 모양 · 态度 tàidù 태도 · 态势 tàishì 태세, 형세	一 ナ 大 太 态 态
 灵 靈·령 líng	영혼, 영험하다 · 灵感 línggǎn 영감 · 灵魂 línghún 영혼	丁 寻 寻 寻 寻 灵
 零 零·영 líng	영(0), 자질구레한 · 零下 língxià 영하 · 零钱 língqián 잔돈	一 宀 雨 雨 雨 零 零 零

劳 勞·로 láo — 노동하다, 힘쓰다
- 劳动 láodòng 노동하다
- 勤劳 qínláo 부지런하다

一 十 艹 艹 艹 劳 劳 劳

漏 루 lòu — 새다, 빠지다
- 漏水 lòushuǐ 물이 새다
- 漏雨 lòu yǔ 비가 새다

氵 氵 沪 沪 沪 涓 漏 漏

伞 傘·산 sǎn — 우산
- 雨伞 yǔsǎn 우산
- 阳伞 yángsǎn 양산

丿 人 个 仐 伞

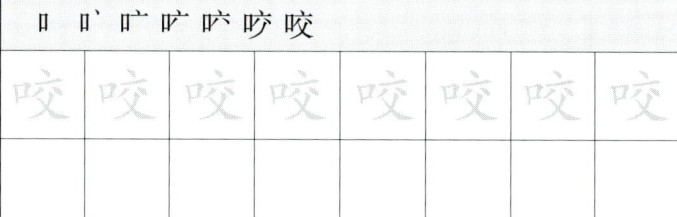

咬 교 yǎo — 물다, 깨물다
- 咬牙 yǎo yá 이를 악물다
- 咬定 yǎodìng 단언하다

口 口' 口' 咛 咛 咬 咬

担 擔·담 dān, dàn — 메다, 짊어지다, 짐, 책임
- 担保 dānbǎo 보증하다
- 担子 dànzi 짐

一 寸 扌 扣 担 担

馒 饅·만 mán — 만두, 찐빵
- 馒头 mántou 소 없는 찐빵

丿 饣 饣 伊 侵 馒 馒

① 빈칸을 채우면서 다시 한번 확인합시다.

	간체자	번체자	한어병음	뜻
1.	钢	鋼		
2.		慶		경사
3.		鏡	jìng	
4.	锅			솥
5.		餃	jiǎo	
6.	锦			비단
7.	译	譯		
8.	独			홀로, 혼자
9.		蘭	lán	
10.	态			태도, 모양

② 한어병음과 뜻을 보고 그에 맞는 단어를 간체자로 써봅시다.

1. gāngcái / 방금 _____
2. jùjué / 거절하다 _____
3. jiébái / 하얗다 _____
4. cāngkù / 창고 _____
5. rènao / 떠들썩하다 _____
6. jiǎnchá / 검사하다 _____
7. qiáoliáng / 교량 _____
8. huáqiáo / 화교 _____
9. wūguī / 거북이 _____
10. gōngdiàn / 궁전 _____
11. qíbīng / 기병 _____
12. cuòwù / 실수, 잘못 _____
13. bàndǎo / 반도 _____
14. dòngjié / 얼다 _____
15. yuánliàng / 용서하다 _____
16. mièwáng / 멸망하다 _____
17. tán liàn'ài / 연애하다 _____
18. línggǎn / 영감 _____
19. láodòng / 노동하다 _____
20. yǔsǎn / 우산 _____

煤
매 méi
석탄, 그을음
- 煤烟 méiyān 매연
- 煤气 méiqì 가스

火 灯 灯 炣 炟 煤 煤

骂
罵·매 mà
욕하다
- 骂人 mà rén 남을 욕하다
- 骂架 mà jià 욕하며 싸우다

口 叩 骂 骂 骂

麦
麥·맥 mài
보리
- 大麦 dàmài 보리
- 小麦 xiǎomài 밀

一 二 丰 丰 丰 麦 麦

盲
맹 máng
눈이 멀다, 맹목적으로
- 盲人 mángrén 맹인
- 盲目 mángmù 맹목적이다

亠 亡 盲 盲 盲

梦
夢·몽 mèng
꿈, 환상
- 做梦 zuò mèng 꿈꾸다
- 梦中 mèngzhōng 꿈 속에서

十 木 朴 林 林 梦 梦

贸
貿·무 mào
무역하다
- 贸易 màoyì 무역하다
- 外贸 wàimào 대외 무역

一 匚 匚 卯 卯 贸 贸 贸

描 묘 miáo
그리다, 묘사하다
- 描写 miáoxiě 묘사(하다)
- 素描 sùmiáo 소묘, 데생

扌 扌 扌" 扩 描 描 描 描

吻 문 wěn
입술, 키스하다
- 接吻 jiēwěn 키스하다
- 亲吻 qīnwěn 입맞추다

丨 口 口 口' 吩 吩 吻

蚊 문 wén
모기
- 蚊子 wénzi 모기
- 蚊香 wénxiāng 모기향

口 中 虫 虫 虫' 蚊 蚊 蚊

迷 迷·미 mí
헤매다, 미혹되다
- 迷路 mílù 길을 잃다
- 迷惑 míhuo 미혹되다, 현혹되다

丶 丷 丷 半 米 米 迷 迷

敏 민 mǐn
민감하다, 예민하다
- 敏感 mǐngǎn 민감하다
- 过敏 guòmǐn 과민하다

𠂉 亇 句 每 每 敏 敏 敏

胖 반 pàng
뚱뚱하다
- 胖子 pàngzi 뚱보
- 胖乎乎 pànghūhū 통통하다

丿 月 月 月' 胖 胖 胖 胖

旁 방 páng
옆, 결
- 旁边 pángbiān 옆쪽
- 旁观 pángguān 방관하다

妨 방 fáng
방해하다
- 妨害 fánghài 방해하다
- 妨碍 fáng'ài 지장을 주다

楼 樓·루 lóu
건물, 층
- 大楼 dàlóu 빌딩
- 楼梯 lóutī 계단

宁 寧·녕 níng, nìng
평안하다, 차라리
- 安宁 ānníng 평안하다
- 宁可 nìngkě 차라리

杯 배 bēi
잔
- 酒杯 jiǔbēi 술잔
- 干杯 gānbēi 건배하다

排 배 pái
배열하다
- 排球 páiqiú 배구
- 排骨 páigǔ 갈비

烦
烦·번
fán

답답하다, 번거롭다

- 烦恼 fánnǎo
  번뇌(하다)
- 麻烦 máfan
  번거롭다, 귀찮다

丶丶㔾火灯灯烦烦

普
보
pǔ

보편적(으로)

- 普通 pǔtōng
  보통이다, 일반적이다
- 普遍 pǔbiàn
  보편적이다

丷丷斗并苎普普普

谱
谱·보
pǔ

계보, 견본

- 家谱 jiāpǔ
  족보
- 菜谱 càipǔ
  메뉴판

讠讠讠讱许详谱谱

访
訪·방
fǎng

방문하다

- 访问 fǎngwèn
  방문하다
- 采访 cǎifǎng
  취재하다

讠讠讠讠访访

宝
寶·보
bǎo

보배, 귀중한

- 宝贝 bǎobèi
  보배
- 宝贵 bǎoguì
  귀중하다

丶丶宀宀宁宇宝宝

封
봉
fēng

봉하다, 폐쇄하다

- 封闭 fēngbì
  폐쇄하다
- 信封 xìnfēng
  편지봉투

一十土圭圭封封

111

坚 堅·견 jiān
단단하다, 견고하다
- 坚持 jiānchí 견지하다
- 坚强 jiānqiáng 완강하다

丨 丨丨 丨丨丨 丨丨丨丨 坚 坚

奉 봉 fèng
바치다, 받다, 섬기다
- 奉命 fèngmìng 명을 받다
- 奉养 fèngyǎng 봉양하다

一 二 三 丯 夫 表 表 奉

峰 봉 fēng
봉우리
- 山峰 shānfēng 산봉우리
- 高峰 gāofēng 고봉, 절정기

丨 丨丨 山 山丨 峄 峄 峰 峰

负 負·부 fù
짊어지다, 메다
- 负担 fùdān 부담(하다)
- 负债 fùzhài 부채, 빚

丿 ⺈ 仒 负 负

傅 부 fù
보좌하다, 스승
- 傅佐 fùzuǒ 보좌하다
- 师傅 shīfu 사부, 스승

亻 亻 仃 恒 俌 俌 傅 傅 傅

悲 비 bēi
슬프다
- 悲哀 bēi'āi 비애, 슬픔
- 悲剧 bēijù 비극

三 ヨ 非 非 非 悲 悲 悲

宾	손님	宀宀宀宀宀宁宾宾宾
賓·빈 bīn	· 贵宾 guìbīn 귀빈 · 宾馆 bīnguǎn 호텔	宾 宾 宾 宾 宾 宾 宾 宾

窗	창	宀宀宀宀宀宀窗窗窗
창 chuāng	· 窗户 chuānghu 창문 · 窗口 chuāngkǒu 창가	窗 窗 窗 窗 窗 窗 窗 窗

墙	벽, 담	土 圤 圤 圠 墙 墙 墙 墙
墙·장 qiáng	· 墙壁 qiángbì 벽 · 墙脚 qiángjiǎo 토대, 기반	墙 墙 墙 墙 墙 墙 墙 墙

丝	실	⼃ 幺 纟 丝 丝
絲·사 sī	· 铁丝 tiěsī 철사 · 丝绸之路 sīchóu zhī lù 실크로드	丝 丝 丝 丝 丝 丝 丝 丝

沙	모래	氵 氵 汄 汁 沙 沙
사 shā	· 沙漠 shāmò 사막 · 沙拉 shālā 샐러드	沙 沙 沙 沙 沙 沙 沙 沙

傻	어리석다	亻 亻 伊 伊 伊 伊 傻 傻 傻
사 shǎ	· 傻瓜 shǎguā 바보 · 傻话 shǎhuà 어리석은 말	傻 傻 傻 傻 傻 傻 傻 傻

污 오 wū
더럽다, 모욕하다
- 污染 wūrǎn 오염되다
- 污辱 wūrǔ 모욕하다

氵 氵 污 污

愚 우 yú
어리석다
- 愚昧 yúmèi 우매하다
- 愚笨 yúbèn 어리석다

冂 曰 甲 思 禺 禺 愚 愚

粗 조 cū
조잡하다, 거칠다, 두껍다
- 粗细 cūxì 굵기
- 粗劣 cūliè 조잡하고 열등하다

丷 𠆢 half 米 籵 籵 粗 粗

酒 주 jiǔ
술
- 啤酒 píjiǔ 맥주
- 酒量 jiǔliàng 주량

氵 氵 氵 沂 洒 洒 酒 酒

厨 廚·주 chú
주방, 요리
- 厨房 chúfáng 주방, 부엌
- 厨师 chúshī 요리사, 조리사

一 厂 厂 厈 厈 厨 厨 厨 厨

绸 綢·주 chóu
비단
- 丝绸 sīchóu 비단
- 绸带 chóudài 리본

乙 纟 纟 纠 纠 纲 绸 绸

纸
紙 · 지
zhǐ

종이
- 白纸 báizhǐ 백지
- 报纸 bàozhǐ 신문

笔顺: 乙 乍 幺 纟 纤 纸 纸

迟
遲 · 지
chí

늦다
- 迟到 chídào 늦게 도착하다
- 迟延 chíyán 지연되다

笔顺: 一 コ ヲ 尸 尺 识 迟 迟

顾
顧 · 고
gù

바라보다, 돌보다, 손님
- 回顾 huígù 회고하다
- 顾客 gùkè 고객

笔顺: 一 厂 斤 斤 斤 斤 顾 顾

脂
지
zhī

지방, 기름
- 脂肪 zhīfáng 지방
- 脂油 zhīyóu 지방유

笔顺: 丿 月 月 胪 胪 胪 脂 脂

钻
鑽 · 찬
zuān, zuàn

뚫다, 다이아몬드, 송곳
- 钻孔 zuān kǒng 구멍을 뚫다
- 钻石 zuànshí 다이아몬드

笔顺: 丿 仁 钅 钅 钅 钻 钻

刺
자
cì

찌르다
- 刺激 cìjī 자극(하다)
- 刺客 cìkè 자객

笔顺: 一 厂 厂 市 朿 刺 刺

醋 초 cù	식초 · 醋酸 cùsuān 초산 · 糖醋肉 tángcùròu 탕수육	一 丆 丙 酉 酉 酉 酢 酢 醋 醋

冲 冲,衝·충 chōng	액체에 풀다, 돌진하다 · 冲淡 chōngdàn 희석시키다 · 冲击 chōngjī 쇼크, 충격	冫 冫 冫 冲 冲

侵 침 qīn	침입하다 · 侵犯 qīnfàn 침범하다 · 侵略 qīnlüè 침략하다	亻 亻 亻 亻 侵 侵 侵 侵

播 파 bō	방송하다, 파종하다 · 播放 bōfàng 방송하다 · 播种 bōzhòng 파종하다	扌 扌 扌 扩 押 採 播 播 播

览 覽·람 lǎn	보다 · 展览 zhǎnlǎn 전람하다 · 游览 yóulǎn 유람하다	冖 冖 冖 冖 览 览 览

玻 파 bō	유리 · 玻璃 bōlí 유리 · 玻璃瓶 bōlípíng 유리병	一 一 于 王 丑 玟 玻 玻

贝 (贝·패 bèi)
조개
- 贝类 bèilèi 조개류

笔顺: 丨 冂 贝 贝

牌 (패 pái)
패, 상표
- 牌子 páizi 상표, 팻말
- 名牌 míngpái 유명 브랜드

笔顺: 丿 丶 厂 片 肷 胂 牌 牌 牌

础 (礎·초 chǔ)
주춧돌, 기초
- 基础 jīchǔ 기초
- 础石 chǔshí 초석

笔顺: 厂 石 矿 矿 砷 础 础

废 (廢·폐 fèi)
폐기하다
- 废品 fèipǐn 폐품, 불량품
- 废止 fèizhǐ 폐지하다

笔顺: 丶 亠 广 庁 庆 废 废 废

肺 (폐 fèi)
허파, 폐
- 肺炎 fèiyán 폐렴
- 肺病 fèibìng 폐병, 폐결핵

笔顺: 丿 冂 月 月 肂 肺 肺 肺

厦 (하 shà, xià)
큰 건물, 복건성의 한 항구도시 이름
- 大厦 dàshà 빌딩
- 厦门 Xiàmén 샤먼

笔顺: 厂 厂 厅 厍 厦 厦 厦 厦

| 艺 藝·예 yì | 재능, 예술
· 艺术 yìshù 예술
· 文艺 wényì 문예 | 一 艺 艺 艺 |

| 汉 漢·한 hàn | 한나라, 한족, 남자
· 汉语 hànyǔ 중국어
· 汉族 hànzú 한족 | 丶 氵 氵 汊 汉 |

| 韩 韓·한 hán | 한국
· 韩国 Hánguó 한국
· 韩文 hánwén 한국어 | 一 十 古 吉 查 卓 韩 韩 |

| 罕 한 hǎn | 드물다, 희소하다
· 稀罕 xīhan 드물다
· 罕见 hǎnjiàn 보기 드물다 | 丨 冖 冖 罕 罕 罕 罕 |

| 寒 한 hán | 차다, 춥다
· 寒冷 hánlěng 춥다
· 寒假 hánjià 겨울방학 | 丶 宀 宀 宀 宙 宙 宙 寒 寒 |

| 耍 사 shuǎ | 놀다, 희롱하다
· 耍乐 shuǎlè 장난질하다, 장난치다
· 耍弄 shuǎnòng 희롱하다 | 一 ｒ 广 而 而 耍 耍 耍 |

연습문제

1 빈칸을 채우면서 다시 한번 확인합시다.

	간체자	번체자	한어병음	뜻
1.	梦			꿈, 환상
2.		樓	lóu	
3.		寧		평안하다, 차라리
4.	烦	煩		
5.		寶	bǎo	
6.	负			짊어지다, 메다
7.		絲	sī	
8.	污			더럽다, 모욕하다
9.		貝	bèi	
10.		藝		재능, 예술

2 한어병음과 뜻을 보고 그에 맞는 단어를 간체자로 써봅시다.

1. mà rén / 남을 욕하다 _____
2. dàmài / 보리 _____
3. màoyì / 무역하다 _____
4. mí lù / 길을 잃다 _____
5. dàlóu / 빌딩 _____
6. máfan / 번거롭다, 귀찮다 _____
7. jiāpǔ / 족보 _____
8. cǎifǎng / 취재하다 _____
9. bǎoguì / 귀중하다 _____
10. jiānqiáng / 완강하다 _____
11. fùzhài / 부채 _____
12. bàozhǐ / 신문 _____
13. huígù / 회고하다 _____
14. zuànshí / 다이아몬드 _____
15. zhǎnlǎn / 전람하다 _____
16. jīchǔ / 기초 _____
17. fèipǐn / 폐품 _____
18. yìshù / 예술 _____
19. hànzú / 한족 _____
20. Hánguó / 한국 _____

限 한 xiàn
한계, 제한하다
- 限度 xiàndù 한도
- 限制 xiànzhì 제한하다

획순: 丨 阝 阝 阝ヨ 阳 限 限

恨 한 hèn
미워하다, 원망
- 怨恨 yuànhèn 원망하다, 원한
- 恨事 hènshì 한스러운 일

획순: 丶 丶 忄 忄 忄 恨 恨 恨

汗 한 hàn
땀
- 流汗 liú hàn 땀을 흘리다
- 汗水 hànshuǐ 땀

획순: 氵 氵 氵 汗

咸 鹹·함 xián
짜다
- 咸味 xiánwèi 짠맛
- 咸菜 xiáncài 짠지, 짠 요리

획순: 一 厂 厂 厂 咸 咸 咸

喊 함 hǎn
소리치다
- 喊叫 hǎnjiào 고함치다
- 喊乎 hǎnhū 큰 소리로 외치다

획순: 口 口 吖 吖 咁 喊 喊 喊

盒 합 hé
통, 갑, 상자
- 盒子 hézi 작은 상자
- 盒饭 héfàn 도시락

획순: 丿 人 人 合 合 合 盒 盒

鸽

鸽 · 합
gē

비둘기

- 鸽子 gēzi
  비둘기
- 家鸽 jiāgē
  집비둘기

丿 𠂉 合 合 刍 鸽 鸽 鸽

降

降 · 강, 항
jiàng, xiáng

내리다, 항복하다

- 下降 xiàjiàng
  하강하다
- 投降 tóuxiáng
  항복하다

⺉ 阝 阝' 阝⺈ 阡 陉 陉 降

乡

鄉 · 향
xiāng

고향

- 故乡 gùxiāng
  고향
- 乡村 xiāngcūn
  시골

⺊ ⺌ 乡

齐

齊 · 제
qí

가지런하다, 모두

- 齐楚 qíchǔ
  가지런하다
- 齐集 qíjí
  모두 모이다

丶 亠 ㇒ 文 产 齐

宪

憲 · 헌
xiàn

헌법

- 宪法 xiànfǎ
  헌법
- 宪兵 xiànbīng
  헌병

丶 宀 宀 宇 宇 宪 宪 宪

献

獻 · 헌
xiàn

드리다, 헌납하다

- 献花 xiànhuā
  헌화하다
- 贡献 gòngxiàn
  공헌하다

一 十 古 古 南 南 南 献 献

한자	뜻	필순
页 (頁·혈) yè	쪽, 페이지 · 第二页 dì èr yè 제 2 쪽 · 页码 yèmǎ 페이지수	一 厂 广 百 页 页
蝴 (호) hú	나비 · 蝴蝶 húdié 나비 · 蝴蝶花 húdiéhuā 붓꽃	口 中 虫 虬 虯 蚶 蝴 蝴
毫 (호) háo	털, 전혀, 밀리(milli) · 毫不 háobù 조금도 ~ 함이 없다 · 毫米 háomǐ 밀리미터	亠 宀 㐅 亯 亳 亳 亳 毫
壶 (壺·호) hú	주전자, 술병, 단지 · 茶壶 cháhú 찻주전자 · 酒壶 jiǔhú 술주전자, 술단지	一 十 士 声 声 壶 壶 壶
忽 (홀) hū	갑자기, 소홀히 하다 · 忽然 hūrán 갑자기, 홀연히 · 忽视 hūshì 홀시하다	丿 勹 勿 勿 忽 忽 忽
网 (網·망) wǎng	그물, 망, 계통 · 网络 wǎngluò 네트워크 · 网球 wǎngqiú 테니스	丨 冂 冈 冈 网 网

画 (畫·화) huà
그리다, 그림
- 画家 huàjiā 화가
- 画面 huàmiàn 화면

一 ㄱ ㄲ 回 冊 田 画 画

宏 (굉) hóng
넓고 크다
- 宏大 hóngdà 웅대하다, 거대하다
- 宏图 hóngtú 원대한 계획

丶 宀 宀 宀 宏 宏

鞋 (혜) xié
신발, 구두
- 皮鞋 píxié 구두
- 运动鞋 yùndòngxié 운동화

一 廾 廾 苎 莒 革 鞋 鞋

烧 (燒·소) shāo
연소하다, 타다
- 烧化 shāohuà 태우다
- 烧伤 shāoshāng 화상(을 입다)

丶 丷 ナ 火 炄 炘 烨 烧

扩 (擴·확) kuò
확대하다, 넓히다
- 扩大 kuòdà 확대하다
- 扩张 kuòzhāng 확장(하다)

一 十 扌 扩 扩 扩

挤 (擠·제) jǐ
빽빽하다, 붐비다, 조이다
- 挤满 jǐmǎn 가득차다
- 拥挤 yōngjǐ 붐비다, 한 곳으로 몰리다

一 十 扌 扩 扩 护 挤 挤

贿 (贿·회) huì
뇌물
- 贿赂 huìlù 뇌물(을 주다)
- 受贿 shòu huì 뇌물을 받다

획순: 丨 冂 贝 贮 贮 贿 贿

悔 (회) huǐ
후회하다
- 后悔 hòuhuǐ 후회하다
- 悔改 huǐgǎi 회개하다

획순: 丶 忄 忄 忄 忄 悔 悔 悔

怀 (懷·회) huái
가슴, 품, 생각, 그리워하다, 생각하다
- 怀疑 huáiyí 의심하다
- 怀念 huáiniàn 생각하다, 그리워하다

획순: 丶 忄 忄 忄 怀 怀 怀

汇 (匯·회) huì
모으다, 보내다, 송금하다
- 汇合 huìhé 모으다
- 汇款 huì kuǎn 송금하다

획순: 氵 汇 汇

徊 (회) huái
배회하다
- 徘徊 páihuái 배회하다

획순: 丿 彳 彳 彳 徊 徊 徊

晓 (曉·효) xiǎo
새벽, 알다
- 晓市 xiǎoshì 새벽시장
- 晓得 xiǎode 알다

획순: 丨 日 旷 昨 晓 晓 晓 晓

喉 후 hóu
목
- 喉咙 hóulóng 목, 목구멍
- 喉头 hóutóu 후두

笔顺: 口 叭 吖 吖 啐 啐 唉 喉

肃 (肅) 숙 sù
엄숙하다
- 肃静 sùjìng 정숙하다
- 肃清 sùqīng 숙청하다

笔顺: 一 コ ヨ 肀 肃 肃

训 (訓) 훈 xùn
가르치고 타이르다, 교훈
- 教训 jiàoxùn 교훈
- 训练 xùnliàn 훈련(하다)

笔顺: 丶 讠 꼬 训 训

软 (軟) 연 ruǎn
부드럽다
- 软膏 ruǎngāo 연고
- 软和 ruǎnhuo 부드럽다

笔顺: 一 厂 左 车 车' 车' 车欠 软

熏 훈 xūn
(향기나 기체를) 쐬다, 훈제하다
- 熏蒸 xūnzhēng 훈증하다, 찌는 듯이 덥다
- 熏肉 xūnròu 훈제고기

笔顺: 一 二 千 舌 乖 乖 重 熏

毁 훼 huǐ
부수다, 훼손하다
- 毁损 huǐsǔn 훼손하다
- 毁灭 huǐmiè 섬멸하다

笔顺: 乍 白 臼 臼 臼 毁 毁 毁

抚 (撫·무, fǔ)
위로하다, 돌보다, 쓰다듬다
- 爱抚 àifǔ 위로하다
- 抚摸 fǔmō 어루만지다

一 十 扌 扩 扩 扩 抚

挥 (揮·휘, huī)
흔들다, 지휘하다
- 挥手 huī shǒu 손을 흔들다
- 指挥 zhǐhuī 지휘(하다)

一 十 扌 扩 扩 护 挥 挥

辉 (輝·휘, huī)
빛나다, 불빛
- 辉煌 huīhuáng 눈부시다
- 光辉 guānghuī 광채

丨 业 光 扩 扩 辉 辉 辉

讳 (諱·휘, huì)
꺼리다
- 忌讳 jìhuì 꺼리다
- 讳言 huìyán 말하기를 꺼리다, 부인하다

丶 讠 讠 讠 讳 讳

携 (휴, xié)
휴대하다, 잡다
- 携带 xiédài 휴대하다
- 携手 xié shǒu 서로 손을 잡다

扌 扩 扩 拌 拌 推 携 携

稀 (희, xī)
성기다, 드물다
- 稀薄 xībó 희박하다, 엷다
- 稀奇 xīqí 드물다, 희귀하다

一 二 千 禾 矛 矛 稀 稀

穷 窮·궁 qióng
가난하다
- 贫穷 pínqióng 가난하다
- 穷开心 qióngkāixīn 소박한 즐거움

丶丶宀宂穷穷穷

胸 흉 xiōng
가슴
- 胸部 xiōngbù 흉부
- 胸罩 xiōngzhào 브래지어

丿 月 月 肑 肑 胸 胸 胸

痕 흔 hén
자국, 흔적
- 痕迹 hénjì 흔적
- 伤痕 shānghén 상처

丶一广广疒疒疒疒痕

亏 虧·휴 kuī
손해보다, 부족하다, 다행히
- 吃亏 chīkuī 손해보다
- 亏得 kuīde 다행히, 덕분에

一二亏

欠 흠 qiàn
빚지다, 하품
- 欠债 qiànzhài 빚
- 打哈欠 dǎ hāqian 하품하다

丿 𠂉 𠂉 欠

牺 犧·희 xī
희생
- 牺牲 xīshēng 희생하다
- 牺牲品 xīshēngpǐn 희생품

丿 𠂉 𠂉 牛 牜 牣 牺 牺

岩 암 yán	바위 · 岩石 yánshí 암석 · 岩洞 yándòng 바위, 동굴

丨 屵 屵 屵 屵 岩 岩 岩

艳 艶·염 yàn	곱다, 화려하다, 선망하다 · 艳绝 yànjué 매우 아름답다 · 艳羡 yànxiàn 흠모하다

一 二 三 丰 丰 艳 艳 艳

银 銀·은 yín	은 · 银币 yínbì 은화 · 银行 yínháng 은행

丿 𠂉 𠂉 𠂉 钅 钅 钌 钌 钼 银

铜 銅·동 tóng	동, 구리 · 铜版 tóngbǎn 동판 · 铜器 tóngqì (청)동기

丿 𠂉 𠂉 钅 钌 钌 钼 铜

铁 鐵·철 tiě	쇠, 철 · 铁板 tiěbǎn 철판 · 铁路 tiělù 철로

丿 𠂉 𠂉 钅 钌 钌 铁 铁

梨 리 lí	배 · 梨子 lízi 배 · 梨花 líhuā 배꽃

一 二 千 禾 利 利 梨 梨

128

苹
蘋 · 평
píng

사과

- 苹果 píngguǒ
  사과
- 苹果排 píngguǒpái
  사과파이

一 艹 艹 艹 苎 苎 苹

桃
도
táo

복숭아

- 桃子 táozi
  복숭아
- 桃花 táohuā
  복숭아꽃

一 十 才 木 札 杉 机 桃

橙
등
chéng

오렌지

- 橙子 chéngzi
  오렌지
- 橙汁 chéngzhī
  오렌지 쥬스

十 才 木 木' 朴 朴 朴 棓 棓 橙

柿
시
shì

감, 감나무

- 柿子 shìzi
  감
- 西红柿 xīhóngshì
  토마토

一 十 才 木 朮 朮 柿 柿

袜
襪 · 말
wà

양말, 버선

- 袜子 wàzi
  양말
- 毛袜 máowà
  털양말

丶 ㇇ 丬 衤 衤 衤 衤 袜 袜

枪
槍 · 창
qiāng

총

- 枪伤 qiāngshāng
  총상
- 枪击 qiāngjī
  총격하다, 저격하다

木 木' 朴 朴 枪

① 빈칸을 채우면서 다시 한번 확인합시다.

	간체자	번체자	한어병음	뜻
1.	乡	鄉		
2.		齊	qí	
3.		頁	yè	
4.	画			그리다, 그림
5.	网		wǎng	
6.		擴	kuò	
7.	汇	匯		
8.		肅	sù	
9.	训			훈련하다, 교훈
10.		銀	yín	

② 한어병음과 뜻을 보고 그에 맞는 단어를 간체자로 써봅시다.

1. gēzi / 비둘기 _____
2. xiàjiàng / 하강하다 _____
3. gùxiāng / 고향 _____
4. xiànfǎ / 헌법 _____
5. gòngxiàn / 공헌하다 _____
6. cháhú / 찻주전자 _____
7. wǎngqiú / 테니스 _____
8. huàjiā / 화가 _____
9. shāoshāng / 화상을 입다 _____
10. kuòzhāng / 확장하다 _____
11. jǐmǎn / 가득차다 _____
12. huáiniàn / 생각하다 _____
13. sùjìng / 정숙하다 _____
14. jiàoxùn / 교훈 _____
15. fǔmō / 어루만지다 _____
16. zhǐhuī / 지휘하다 _____
17. chīkuī / 손해보다 _____
18. yínháng / 은행 _____
19. tiěbǎn / 철판 _____
20. wàzi / 양말 _____

부록

- 연습문제 정답
- 색인

[⋯연습문제 정답⋯]

⋯p. 23

1. 万 / wàn 2. 说 / 말하다 3. 時 / 때, 시, 시간 4. 号 / hào
5. 过 / 지나다, ~ 한 적이 있다 6. 對 / ~ 에 대하여, 옳다, 상대하다
7. 边 / 가장자리, 쪽 8. 見 / 보다, 만나다 9. 進 / jìn 10. 几 / jǐ

1. 记忆 2. 我们 3. 谈话 4. 成为 5. 社会
6. 学校 7. 习惯 8. 农业 9. 业务 10. 东方
11. 后天 12. 诗人 13. 还是 14. 生产 15. 样子
16. 开门 17. 两面 18. 现在 19. 空气 20. 电话

⋯p. 35

1. 开 / 열다, 시작하다, (꽃이)피다 2. 贵 / guì 3. 詞 / cí
4. 體 / 몸, 신체 5. jiān / 사이 6. 与 / yǔ, yù 7. 員 / yuán
8. 给 / gěi, jǐ 9. 红 / 붉다 10. 问 / wèn

1. 关门 2. 当然 3. 实际 4. 换钱 5. 头脑
6. 讨论 7. 机会 8. 儿子 9. 将来 10. 军人
11. 等级 12. 结婚 13. 毕业 14. 老师 15. 问题
16. 上课 17. 绿色 18. 颜色 19. 问好 20. 真理

⋯p. 47

1. 资 / 재물, 자본, 금전 2. 云 / yún 3. 價 / jià 4. 馆 / 館
5. tīng / 듣다 6. 华 / 화려하다, 중국 7. jì / 계산하다, 계획 8. 马 / mǎ
9. jī / 닭 10. 記 / jì

132

1. 放假	2. 数学	3. 条约	4. 关系	5. 阶段
6. 报告	7. 声音	8. 朗读	9. 书店	10. 运气
11. 必须	12. 接待	13. 区域	14. 组织	15. 设立
16. 直接	17. 服务	18. 领导	19. 联络	20. 记忆

...p. 59

1. 难 /nán	2. 处 / 곳, 처리하다	3. guà/ 걸다, 근심하다		
4. 远 /yuǎn	5. 术 / 재주, 기술	6. 風 /fēng	7. 办 / 처리하다	
8. 愛 /ài	9. 举 /jǔ	10. 类 / 종류, 무리		

1. 统一	2. 认识	3. 地图	4. 操场	5. 母亲
6. 也许	7. 到达	8. 团体	9. 参观	10. 练习
11. 比较	12. 请客	13. 广大	14. 连续	15. 压力
16. 认识	17. 国际	18. 专业	19. 菜单	20. 权力

...p. 71

1. 约 /yuē	2. 扫 / 쓸다, 소제하다	3. guī/ 돌아가다, 돌아오다		
4. 节 / 마디, 절약하다, 절기		5. 傳 /chuán, zhuàn	6. 錢 /qián	
7. 历 / 겪다, 과거의	8. 视 / 보다, 살피다	9. 準 /zhǔn	10. xiě / 쓰다	

1. 应该	2. 条约	3. 转告	4. 拥有	5. 经验
6. 节省	7. 树木	8. 准备	9. 淡薄	10. 亚军
11. 工厂	12. 胜利	13. 选择	14. 电视	15. 权势
16. 切断	17. 速度	18. 离别	19. 写字	20. 台湾

[⋯연습문제정답⋯]

⋯p. 83

1. 細 /xì 2. 兴 / 일으키다, 성하다, 흥미, 취미 3. fēi / 날다
4. 熱 /rè 5. 杂 / 잡다하다, 뒤섞이다 6. 项 /xiàng
7. 鱼 / 물고기 8. 虽 /suī 9. 医 /yī 10. 乐 /lè, yuè

1. 钟情 2. 早饭 3. 山顶 4. 双胞胎 5. 比赛
6. 证书 7. 送人 8. 渔民 9. 考试 10. 感谢
11. 养育 12. 职业 13. 调查 14. 随着 15. 饿死
16. 继续 17. 坏人 18. 买卖 19. 卖票 20. 床单

⋯p. 95

1. 卫 /wèi 2. 陽 /yáng 3. xiǎng/ 소리, 울리다
4. 让 / 양보하다, ~에게 ~하게 하다 5. 亂 /luàn 6. zhí / 가치
7. 戏 / 놀이, 연극 8. 药 / 약 9. 부르다, 적합하다 10. 險 /xiǎn

1. 喜欢 2. 周围 3. 创造 4. 阴暗 5. 尽快
6. 妈妈 7. 护士 8. 丰满 9. 敌人 10. 盗贼
11. 维持 12. 位置 13. 严格 14. 红叶 15. 杨柳
16. 药店 17. 责任 18. 营业 19. 简体字 20. 勇敢

⋯p. 107

1. gāng/ 강철 2. 庆 /qìng 3. 镜 / 거울 4. 鍋 /guō
5. 饺 / 만두 6. 錦 /jǐn 7. yì / 번역하다 8. 獨 /dú
9. 兰 / 난초 10. 態 /tài

1. 刚才	2. 拒绝	3. 洁白	4. 仓库	5. 热闹
6. 检查	7. 桥梁	8. 华侨	9. 乌龟	10. 宫殿
11. 骑兵	12. 错误	13. 半岛	14. 冻结	15. 原谅
16. 灭亡	17. 谈恋爱	18. 灵感	19. 劳动	20. 雨伞

...p. 119

1. 夢 /mèng	2. 楼 / 건물, 층	3. 宁 /níng, nìng	4. fán/ 번거롭다
5. 宝 / 보배	6. 负 /fù	7. 丝 / 실	8. 污 /wū
9. 贝 / 조개	10. 艺 /yì		

1. 骂人	2. 大麦	3. 贸易	4. 迷路	5. 大楼
6. 麻烦	7. 家谱	8. 采访	9. 宝贵	10. 坚强
11. 负债	12. 报纸	13. 回顾	14. 钻石	15. 展览
16. 基础	17. 废品	18. 艺术	19. 汉族	20. 韩国

...p. 130

1. xiāng/ 고향	2. 齐 / 가지런하다, 모두	3. 页 / 쪽, 페이지
4. 畵 /huà	5. 網 / 그물, 망, 계통 6. 扩 / 확대하다	7. huì / 모으다, 보내다, 송금하다
8. 肃 / 엄숙하다	9. 訓 /xùn	10. 银 / 은

1. 鸽子	2. 下降	3. 故乡	4. 宪法	5. 贡献
6. 茶壶	7. 网球	8. 画家	9. 烧伤	10. 扩张
11. 挤满	12. 怀念	13. 肃静	14. 教训	15. 抚摸
16. 指挥	17. 吃亏	18. 银行	19. 铁板	20. 袜子

[···색 인···]

*아래의 색인은 간체자, 번체자, 한어병음의 순으로 되어 있음.

***A

哀 āi		81
爱·愛 ài		56

***B

爸 bà		86
罢·罷 bà		78
般 bān		70
搬 bān		70
拌 bàn		61
办·辦 bàn		54
帮·幫 bāng		46
宝·寶 bǎo		111
报·報 bào		38
杯 bēi		110
悲 bēi		112
备·備 bèi		63
被 bèi		41
贝·貝 bèi		117
闭·閉 bì		24
毕·畢 bì		30
彼 bǐ		41
边·邊 biān		17
变·變 biàn		24
便 biàn, pián		31
标·標 biāo		72
表·錶 biǎo		27
宾·賓 bīn		113
冰 bīng		74
并·并, 並 bìng		44
玻 bō		116
播 bō		116
补·補 bǔ		104
步 bù		98

***C

才·纔 cái		28
菜 cài		69
参·參 cān, sān, shēn		64
厕·廁 cè		101
层·層 céng		84
曾·曾 céng, zēng		53
查 chá		80
产·產 chǎn		19
长·長 cháng, zhǎng		20
场·場 chǎng		50
厂·廠 chǎng		65
车·車 chē		15
称·稱 chēng, chèn		92
程 chéng		53
乘 chéng		25
橙 chéng		129
吃 chī		40
迟·遲 chí		115
匙 chí, shi		77
冲·沖, 衝 chōng		116
绸·綢 chóu		114
除 chú		26
厨·廚 chú		114
础·礎 chǔ		117
处·處 chǔ, chù		49
传·傳 chuán, zhuàn		63
船 chuán		78
窗 chuāng		113
床 chuáng		82
创·創 chuàng		85
春 chūn		54
词·詞 cí		26
刺 cì		115
从·從 cóng		20
粗 cū		114
醋 cù		116
村 cūn		80
错·錯 cuò		92

***D

答 dá		89
达·達 dá		52
带·帶 dài		50
单·單 dān		58
担·擔 dān, dàn		106
但 dàn		28
蛋 dàn		102
淡 dàn		64
当·當 dāng, dàng		24
党·黨 dǎng		31
导·導 dǎo		46
倒 dǎo, dào		68
岛·島 dǎo		103
盗·盜 dào		103
德 dé		63
得 dé, de, děi		15
灯·燈 dēng		103

等 děng	22	
敌·敵 dí	88	
第 dì	27	
点·點 diǎn	18	
电·電 diàn	22	
调·調 diào, tiáo	55	
顶·頂 dǐng	75	
丢 diū	69	
冬 dōng	54	
东·東 dōng	17	
动·動 dòng	17	
冻·凍 dòng	103	
斗·鬥 dǒu, dòu	39	
独·獨 dú	103	
读·讀 dú	40	
短 duǎn	20	
段 duàn	81	
断·斷 duàn	68	
对·對 duì	17	
队·隊 duì	32	

***E

饿·餓 è	81
儿·兒 ér	28

***F

发·發, 髮 fā, fà	16
烦·煩 fán	111
返 fǎn	32
饭·飯 fàn	73
防 fáng	79
妨 fáng	110
访·訪 fǎng	111
飞·飛 fēi	73
费·費 fèi	81
肺 fèi	117
废·廢 fèi	117
风·風 fēng	52
封 fēng	111
丰·豐 fēng	87
峰 fēng	112
奉 fèng	112
福·福 fú	87
服 fú	62
抚·撫 fǔ	126
富 fù	87
负·負 fù	112
妇·婦 fù	51
复·復, 複 fù	65
傅 fù	112

***G

该·該 gāi	60
干·乾, 幹 gān, gàn	42
肝 gān	94
竿 gān	94
敢 gǎn	94
感 gǎn	70
刚·剛 gāng	96
钢·鋼 gāng	96
歌 gē	93
鸽·鴿 gē	121
阁·閣 gé	93
个·個 ge	14
给·給 gěi, jǐ	32
跟 gēn	51
供 gōng, gòng	88
恭 gōng	90
宫·宮 gōng	100
够 gòu	73
顾·顧 gù	115
挂·掛 guà	50
怪 guài	99
关·關 guān	24
观·觀 guān	55
冠 guān, guàn	99
馆·館 guǎn	39
管 guǎn	39
惯·慣 guàn	99
广·廣 guǎng	56
归·歸 guī	61
龟·龜 guī	100
鬼 guǐ	60
贵·貴 guì	25
锅·鍋 guō	99
国·國 guó	13
过·過 guò	17

***H

还·還 hái, huán	19
孩 hái	28
害 hài	72

寒 hán	118
韩·韓 hán	118
喊 hǎn	120
罕·罕 hǎn	118
汉·漢 hàn	118
汗 hàn	120
毫 háo	122
号·號 hào	15
喝 hē	40
盒 hé	120
痕 hén	127
很 hěn	27
恨 hèn	120
红·紅 hóng	33
宏 hóng	123
猴 hóu	44
喉 hóu	125
后·後 hòu	17
候 hòu	70
忽 hū	122
蝴 hú	122
壶·壺 hú	122
护·護 hù	87
华·華 huá	41
话·話 huà	14
画·畫 huà	123
划·劃 huà	85
怀·懷 huái	124
徊 huái	124
坏·壞 huài	82
欢·歡 huān	84
缓·緩 huǎn	89
换·換 huàn	25
黄·黃 huáng	33
灰 huī	33
挥·揮 huī	126
辉·輝 huī	126
悔 huǐ	124
毁 huǐ	125
会·會 huì, kuài	15
汇·匯 huì	124
讳·諱 huì	126
贿·賄 huì	124

***J

机·機 jī	26
基 jī	46
积·積 jī	65
饥·飢,饑 jī	89
鸡·鷄 jī	44
急 jí	89
即·卽 jí	49
级·級 jí	30
极·極 jí	62
集 jí	64
几·幾 jǐ	21
挤·擠 jǐ	123
记·記 jì	45
计·計 jì	42
际·際 jì	57
季 jì	53
济·濟 jì	42
祭 jì	67
寄 jì	101
继·繼 jì	90
假 jiǎ, jià	36
价·價 jià	38
嫁 jià	93
间·間 jiān	28
坚·堅 jiān	112
监·監 jiān	92
肩 jiān	96
简·簡 jiǎn	93
减·減 jiǎn	25
检·檢 jiǎn	99
见·見 jiàn	19
建 jiàn	34
健 jiàn	34
将·將 jiāng, jiàng	29
降 jiàng, xiáng	121
饺·餃 jiǎo	100
脚 jiǎo	29
较·較 jiào	55
接 jiē	41
阶·階 jiē	38
街 jiē	93
洁·潔 jié	96
结·結 jié	30
节·節 jié	62
解 jiě	36
紧·緊 jǐn	73
尽·儘,盡 jǐn, jìn	86
锦·錦 jǐn	101
进·進 jìn	19
禁 jìn	101

惊·驚 jīng	97
经·經 jīng	18
精 jīng	62
静·靜 jìng	63
净·淨 jìng	63
敬 jìng	97
镜·鏡 jìng	97
竞·競 jìng	97
酒 jiǔ	114
就 jiù	14
旧·舊 jiù	21
举·舉 jǔ	57
拒 jù	96
据 jù	53
觉·覺 jué, jiào	57
军·軍 jūn	29
均 jūn	101

***K

开·開 kāi	24
康 kāng	96
考 kǎo	98
烤 kǎo	98
靠 kào	98
科 kē	48
渴 kě	94
课·課 kè	32
孔 kǒng	98
库·庫 kù	97
快 kuài	48
块·塊 kuài	48

款 kuǎn	90
亏·虧 kuī	127
扩·擴 kuò	123

***L

辣 là	76
来·來 lái	13
蓝·藍 lán	33
兰·蘭 lán	104
览·覽 lǎn	116
劳·勞 láo	106
乐·樂 lè, yuè	82
雷 léi	38
泪·淚 lèi	105
累 lèi, lěi	22
类·類 lèi	58
离·離 lí	69
梨 lí	128
礼·禮 lǐ	66
历·歷, 曆 lì	66
丽·麗 lì	104
联·聯 lián	45
连·連 lián	56
练·練 liàn	55
恋·戀 liàn	105
量 liáng, liàng	29
凉 liáng	74
粮·糧 liáng	104
两·兩 liǎng	20
谅·諒 liàng	104
料 liào	51

灵·靈 líng	105
零 líng	105
领·領 lǐng	45
留 liú	87
龙·龍 lóng	43
楼·樓 lóu	110
漏 lòu	106
录·錄 lù	101
路 lù	31
陆·陸 lù, liù	104
露 lù, lòu	37
绿·綠 lǜ	33
律 lǜ	86
乱·亂 luàn	88
轮·輪 lún	90
论·論 lùn	26
裸 luǒ	102
落 luò, là	77

***M

妈·媽 mā	86
马·馬 mǎ	43
骂·罵 mà	108
吗·嗎 ma	52
买·買 mǎi	82
卖·賣 mài	82
麦·麥 mài	108
馒·饅 mán	106
满·滿 mǎn	79
慢 màn	48
盲 máng	108

贸·貿 mào	108	怕 pà	79	请·請 qǐng	55
么·麼 me	21	排 pái	110	庆·慶 qìng	97
煤 méi	108	牌 pái	117	穷·窮 qióng	127
们·們 men	13	盘·盤 pán	72	秋 qiū	54
门·門 mén	20	旁 páng	110	球 qiú	67
梦·夢 mèng	108	胖 pàng	109	区·區 qū	42
迷·迷 mí	109	跑 pǎo	86	权·權 quán	58
描 miáo	109	批 pī	58	缺 quē	39
灭·滅 miè	105	苹·蘋 píng	129	确·確 què	70
敏 mǐn	109	破 pò	73		
		普 pǔ	111		
		谱·譜 pǔ	111	***R	
***N				让·讓 ràng	87
拿 ná	62			热·熱 rè	74
哪 nǎ	22	***Q		认·認 rèn	49
那 nà	13	妻 qī	51	容 róng	77
难·難 nán	48	棋 qí	102	软·軟 ruǎn	125
闹·鬧 nào	98	骑·騎 qí	102	若 ruò	68
你 nǐ	12	齐·齊 qí	121		
念 niàn	76	气·氣 qì	22		
宁·寧 níng, nìng	110	钱·錢 qián	63	***S	
农·農 nóng	16	欠 qiàn	127	赛·賽 sài	75
努 nǔ	50	枪·槍 qiāng	129	伞·傘 sǎn	106
怒 nù	81	强 qiáng	45	扫·掃 sǎo	61
		墙·墻 qiáng	113	沙 shā	113
		侨·僑 qiáo	100	傻 shǎ	113
***O		桥·橋 qiáo	100	厦 shà, xià	117
欧·歐 ōu	42	巧 qiǎo	99	商 shāng	16
		亲·親 qīn	50	伤·傷 shāng	79
		侵 qīn	116	烧·燒 shāo	123
***P		轻·輕 qīng	91	设·設 shè	44
爬 pá	77	情 qíng	30	谁·誰 shéi	22

神·神 shén	60
什·甚 shén	21
声·聲 shēng	39
胜·勝 shèng	66
诗·詩 shī	18
师·師 shī	31
时·時 shí	15
识·識 shí	57
实·實 shí	24
使 shǐ	27
始 shǐ	76
适·適 shì	65
视·視 shì	66
势·勢 shì	67
试·試 shì	78
柿 shì	129
书·書 shū	40
殊 shū	43
输·輸 shū	70
鼠 shǔ	43
术·術 shù	52
树·樹 shù	62
数·數 shù, shǔ	36
耍 shuǎ	118
霜 shuāng	37
双·雙 shuāng	75
说·說 shuō	14
丝·絲 sī	113
似 sì	64
送·送 sòng	77
速·速 sù	68
肃·肅 sù	125
酸 suān	76
算 suàn	55
虽·雖 suī	78
随·隨 suí	81
岁·歲 suì	85
孙·孫 sūn	50

***T

他 tā	12
她 tā	12
它 tā	12
台·臺 tái	69
抬·擡 tái	46
态·態 tài	105
谈·談 tán	64
桃 táo	129
逃·逃 táo	102
特 tè	42
提 tí	36
题·題 tí	32
体·體 tǐ	27
甜 tián	76
条·條 tiáo	37
铁·鐵 tiě	128
听·聽 tīng	40
铜·銅 tóng	128
统·統 tǒng	48
头·頭 tóu	26
投 tóu	84
图·圖 tú	49
兔 tù	43
团·團 tuán	53
推 tuī	52
退·退 tuì	19

***W

袜·襪 wà	129
万·萬 wàn	12
往 wǎng	60
网·網 wǎng	122
忘 wàng	93
望 wàng	54
为·爲 wéi, wèi	14
围·圍 wéi	84
唯 wéi	88
维·維 wéi	88
伪·僞 wěi	92
伟·偉 wěi	84
卫·衛 wèi	84
温 wēn	74
闻·聞 wén	34
蚊 wén	109
吻 wěn	109
问·問 wèn	34
我 wǒ	12
污 wū	114
误·誤 wù	103
务·務 wù	45
雾·霧 wù	38

***X

希 xī		80
稀 xī		126
牺·犧 xī		127
习·習 xí		16
喜 xǐ		74
细·細 xì		72
系·係,繫 xì		38
戏·戲 xì		90
夏 xià		54
咸·鹹 xián		120
闲·閑 xián		94
险·險 xiǎn		94
现·現 xiàn		21
线·線 xiàn		37
限 xiàn		120
献·獻 xiàn		121
宪·憲 xiàn		121
县·縣 xiàn		69
乡·鄉 xiāng		121
想 xiǎng		27
响·響 xiǎng		86
项·項 xiàng		77
消 xiāo		73
晓·曉 xiǎo		124
笑 xiào		67
效 xiào		85
些 xiē		25
携 xié		126
鞋 xié		123
写·寫 xiě		69
谢·謝 xiè		79
新 xīn		20
兴·興 xīng, xìng		72
胸 xiōng		127
修 xiū		80
须·須 xū		41
许·許 xǔ		51
续·續 xù		82
选·選 xuǎn		66
学·學 xué		16
雪 xuě		37
熏 xūn		125
训·訓 xùn		125

***Y

压·壓 yā		57
亚·亞 yà		65
研·研 yán		49
岩 yán		128
严·嚴 yán		90
颜·顏 yán		34
验·驗 yàn		61
艳·艷 yàn		128
阳·陽 yáng		85
扬·揚 yáng		91
杨·楊 yáng		91
养·養 yǎng		79
样·樣 yàng		19
腰 yāo		29
咬 yǎo		106
要 yào		15
药·藥 yào		91
业·業 yè		16
叶·葉 yè		91
页·頁 yè		122
医·醫 yī		80
忆·憶 yì		13
义·義 yì		25
议·議 yì		44
译·譯 yì		102
艺·藝 yì		118
阴·陰 yīn		85
银·銀 yín		128
应·應 yīng, yìng		18
营·營 yíng		92
赢·贏 yíng		67
影 yǐng		68
拥·擁 yōng		61
游 yóu		74
于·於 yú		18
鱼·魚 yú		78
渔·漁 yú		78
愚 yú		114
语·語 yǔ		14
与·與 yǔ, yù		29
员·員 yuán		30
园·園 yuán		56
圆·圓 yuán		56
远·遠 yuǎn		51
院 yuàn		67
愿·願 yuàn		31
约·約 yuē		60
越 yuè		65
云·雲 yún		37

运·運 yùn	41	

***Z

杂·雜 zá	75	钟·鍾,鐘 zhōng	72
灾·災 zāi	40	种·種 zhǒng, zhòng	18
脏·髒,臟 zāng, zàng	91	众·眾 zhòng	52
则·則 zé	49	猪·豬 zhū	44
责·責 zé	92	助 zhù	76
贼·賊 zéi	88	著·著 zhù	26
怎 zěn	21	专·專 zhuān	57
增·增 zēng	53	转·轉 zhuǎn, zhuàn	61
展 zhǎn	36	装·裝 zhuāng	58
战·戰 zhàn	32	准·準 zhǔn	68
张·張 zhāng	56	资·資 zī	36
找 zhǎo	58	总·總 zǒng	31
照 zhào	60	棕 zōng	33
者·者 zhě	28	族 zú	75
这·這 zhè	13	组·組 zǔ	43
真·眞 zhēn	34	钻·鑽 zuān, zuàn	115
争·爭 zhēng	39	最 zuì	30
整 zhěng	66	尊 zūn	100
证·證 zhèng	75		
织·織 zhī	64		
脂 zhī	115		
直·直 zhí	45		
值·值 zhí	89		
职·職 zhí	80		
指 zhǐ	46		
纸·紙 zhǐ	115		
置·置 zhì	89		
质·質 zhì	46		

저자 약력

이곤수(李坤銖)
국립 경상대학교 중문과 졸업
現 진주 북경중국어학원 원장 겸 강사
저서: 〈나의 첫 번째 중국어〉
　　　〈티엔티엔 초급 중국어〉
　　　〈이선생 중국어 1~4권〉
　　　〈이선생 중국어 문법〉

감수자 약력

김연(金燕)
중국 요녕성 대련시 출생
중국 대련사범대학 졸업
前 대련 조선족소학교 교사
前 대련 대외경제무역협회 통역원

최원평(崔元萍)
중국 산동성 연대시 출생
중국 연대사범대학 중문과 석사
前 연대사범대학 중문과 교수
前 국립경상대학교 중문과 교수
現 연대노동대학 한국어과 교수
저서: 〈수준별로 정리한 중국어회화〉

간체자·번체자·발음을 동시에!
일석삼조 중국어 펜맨십

저자 이곤수
펴낸이 정규도
펴낸곳 (주)다락원

초판 1쇄 발행 2002년 2월 25일
초판 10쇄 발행 2014년 3월 18일

책임편집 최준희, 이상윤, 홍현정
디자인 정현석, 이혜준

다락원 경기도 파주시 문발로 211
내용문의: (02)736-2031 내선 430~436
구입문의: (02)736-2031 내선 250~252
Fax: (02)732-2037
출판등록 1977년 9월 16일 제300-1977-23호

Copyright ⓒ 2002, 다락원

저자 및 출판사의 허락 없이 이 책의 일부 또는 전부를 무단 복제·전재·발췌할 수 없습니다. 잘못된 책은 바꿔 드립니다.

값 6,500원
ISBN 978-89-7255-688-6 13720

http://www.darakwon.co.kr
- 다락원 홈페이지를 방문하시면 상세한 출판정보와 함께 동영상강좌, MP3자료 등 다양한 어학 정보를 얻으실 수 있습니다.